KB036646

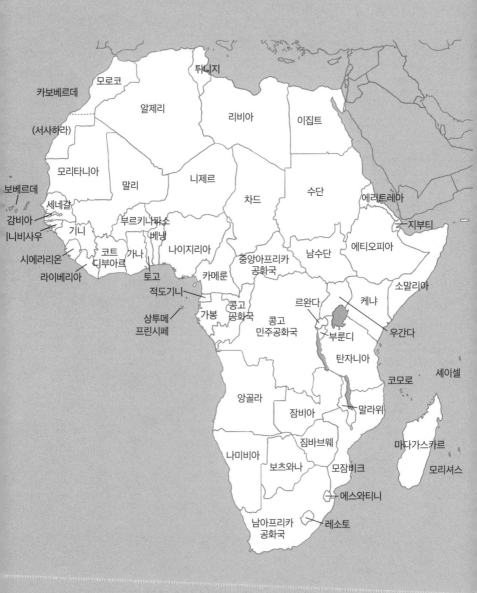

있는 그대로 탄자니아

있는 그대로 탄자니아

허성용 지음

Arabica

초록비책공방

킬리만자로와 잔지바르 그리고 세렝게티의 땅, 탄자니아에서 따뜻한 인사를 전합니다.

동부 아프리카에 위치한 탄자니아는 아름다운 자연환경과 관광업으로도 알려져 있지만 풍부한 광물과 따뜻한 마음을 가진 사람들이 사는 곳입니다. 탄자니아에는 120개가 넘는 민족집단이 서로 존중하고 배려하며 함께 조화를 이루며 살고 있고 깊은 역사와 풍부한 문화가 있습니다.

《있는 그대로 탄자니아》에서는 탄자니아의 역사와 문화, 아름다운 자연과 현대를 살아가는 탄자니아 사람들의 삶을 볼 수 있습니다.

2018년 1월 31일 주한탄자니아대사관의 개소와 함께 한국과 탄자니아의 형제 같은 관계는 더욱 돈독해지고 있습니다. 우리는 허성용 작가처럼 아프리카 여러 나라, 특히 탄자니아와 가까운 관계를 맺고 아프리카 나라들을 한국에 잘 소개하기 위해 노력하는 사람들에게 감사함을 느낍니다.

탄자니아를 소개하는 이 책은 한국의 젊은 세대들이 탄자니아 사람들에게 조금 더 가까이 다가갈 수 있도록 도와주고, 탄자니아와 한국의 외교 관계를 강화하는 등 두 나라 간의 친밀한 관계를 발전시키는 데 도움을 줄 것이라고 생각합니다.

이 책을 읽는 독자들이 탄자니아에 대한 흥미로운 사실들을 발견하고 탄자니아를 조금 더 이해하는 계기가 되기를 바랍니다.

초대 주한탄자니아대사 마틸다 스윌라 마수카

탄자니아에서 얻은 깨달음

우리는 아프리카를 가난과 절망의 그림자가 드리워진 대륙으로만 알고 있다. 진짜 아프리카의 모습도 그럴까?

최근 전 세계적으로 아프리카 지역에 대한 관심이 높아지고 있고 비즈니스, 국제 개발 협력, 선교, 여행 등 다양한 형태로 아프리카를 만나는 사람이 늘고 있다. 하지만 이러한 추세에도 불구하고 대부분의 사람이 여전히 아프리카 대륙에 무관심하거나 편견과 오해를 가지고 있다. 이런 잘못된 이해와 인식은 왜 생겨난 것일까?

과거 아프리카 대륙은 서양 강대국들에 의한 식민 지배와 노예 무역 그리고 그 과정에서 있었던 인종 차별로 고통당했으며 그 결과 서구 사회가 발전하는 동안 스스로 발전할 기회를 빼앗겼다. 이러한 역사적 배경은 독립 이후에도 아프리카 나라들이 빈곤과 기아, 부정부패와 분쟁이라는 문제와 어려움에 봉착하는 원인을 제공하기도 했다.

국제 사회는 이런 아프리카 나라들의 안타까운 상황을 돕

기 위해 세금을 활용한 공적 원조ODA, Official Development Assistance
를 시작했고, 민간에서는 광고를 통한 모금 활동이 전개되었
다. 모금을 위한 홍보 과정에서 아프리카는 주로 빈곤하고 가
난한 이미지와 영상으로 반복해서 노출되었다. 사람들의 기부
는 선한 목적에 따라 어려운 사람들을 돕는 순기능도 있었지
만 아프리카를 항상 도움이 필요한 절망적인 땅으로만 바라보
는 편향적인 인식 또한 생겨났다.

사람들의 무지와 무관심이 반복되는 사이 아프리카 대륙은
새롭게 변화하고 있다. 빠른 경제 성장률과 깨어있는 젊은 세
대의 등장, 정치적 안정은 변화의 속도를 더 빠르게 하고 있다.
그러므로 우리는 이제 아픈 아기의 모습이 아닌 건강한 청년
또는 지혜로운 장년의 모습과 같은 아프리카 대륙을 더욱 다
양하고 열린 시각으로 바라보아야 한다.

어떻게 시작할 수 있을까? 바로 한 나라 한 나라를 깊게 들
여다보아야 한다. 여기서는 많은 아프리카 나라 중 탄자니아
를 살펴보려고 한다.

처음 가본 탄자니아는 나에게 특별한 기억으로 남아있다.
탄자니아에서 생활하는 동안 많은 것을 배웠다. 특히 스와힐
리어 표현 안에 담겨있는 탄자니아 사람들의 삶에 대한 태도
와 마음 씀씀이에서 많은 깨달음을 얻었다.

'카리부Karibu'는 스와힐리어로 '환영한다'라는 뜻이다. 어디
를 가더라도 따뜻하게 사람을 맞이해주고 환영해주는 그들의

모습은 마치 우리네 '정'과 같아 탄자니아에서 지내는 내내 이 방인이라고 느끼거나 외롭다는 생각을 하지 않았던 것 같다.

우리가 식당에서 처음 보는 아주머니에게 "이모!"라고 부르는 것처럼 이곳에서도 "카카Kaka(남자 형제를 호칭하는 말로 형 또는 오빠를 뜻한다)", "다다Dada(여자 자매를 호칭하는 말로 언니 또는 누나를 뜻한다)"라고 서로를 부르며 금방 친구와 이웃이 되었던 기억이 난다.

'폴레폴레Polepole'는 스와힐리어로 '느리게, 천천히'라는 뜻이다. 탄자니아는 무엇이든 신속하게 '빨리빨리'를 외치는 한국과는 정반대이다. 물론 탄자니아 모든 곳과 사람들이 전부 느린 것은 아니다. 수도는 어느 나라와 다르지 않게 분주하고 바쁘다. 하지만 생활 속에 녹아있는 '폴레폴레'를 통해 목표와 일의 성과만을 추구하는 경쟁적인 삶이 아니라 사람을 챙기고 여유롭게 주변을 돌아보는 자세를 배울 수 있었다.

'하쿠나 마타타Hakuna Matata'는 영화 〈라이온 킹〉에 나오는 유명한 표현이다. 하쿠나 마타타! 늘 근심 걱정이 많고 불평 불만도 많은 나에게 탄자니아 친구들은 언제나 말해주었다.

"걱정 마, 다 잘 될 거야."

이런 긍정적인 태도는 현지에서 문제가 잘 풀리지 않고 어려운 일이 생겼을 때 어떻게 그 상황을 바라보고 풀어가야 할지를 알려주었다.

킬리만자로산, 세렝게티 국립 공원, 잔지바르섬 그리고 맛

있는 커피로 알려져 있는 탄자니아. 하지만 이곳은 관광지나 수출품뿐 아니라 우리가 배울 수 있는 더 많은 이야기가 있다.

이 책이 탄자니아에 대한 첫 길잡이 역할을 했으면 한다. 탄자니아의 유래와 역사, 현재를 살아가는 모습, 문화와 예술 등을 통해 이 나라를 조금 더 이해하는 데 도움이 되기를 바란다.

지나친 낙관도, 지나친 비관도 아닌 55개(유엔에서는 54개 국가를, 아프리카연합AU, African Union에서는 55개의 국가를 인정하고 있다)의 국가로 이루어진 방대하고 다채로운 대륙 아프리카. 그중 탄자니아에 대해 있는 그대로 보고 배우는 시간, 매력이 넘치는 진짜 탄자니아와의 만남으로 여러분을 초대한다.

끝으로 추천사를 써주신 주한탄자니아대사관 마틸다 마수카 초대 대사님, 감수를 해주신 우승훈 님과 허남운 님, 그리고 소중한 아프리카인사이트 식구들과 사랑하는 가족과 아들, 아내에게 특별한 감사를 전한다.

차 례

1부 카리부! 탄자니아

2부 탄자니아 사람들의 이모저모

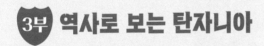

3부 역사로 보는 탄자니아

4부 문화로 보는 탄자니아

5부 여기를 가면 탄자니아가 보인다

퀴즈로 만나는
탄자니아

여러분은 탄자니아에 관해 얼마나 알고 있나요?
이 책을 보기 전에 퀴즈를 풀어 봅시다.
정답을 맞히지 못하더라도 퀴즈를 풀다 보면
탄자니아에 관한 호기심이 생길 거예요.

Q1.

탄자니아는 아프리카 대륙
어디에 위치하고 있을까?

❶ 동부 **❷** 서부 **❸** 중부 **❹** 남부 **❺** 북부

Answer. ❶ 동부

탄자니아는 아프리카 대륙 동부에 위치한 나라로 해안선은 인도양과
맞닿아있다.

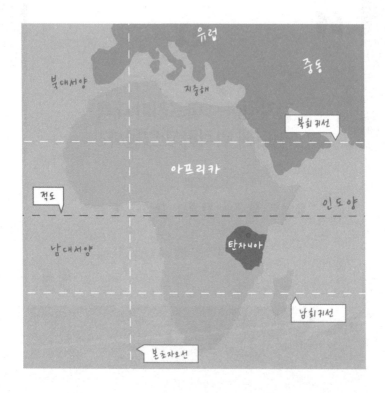

Q2.

탄자니아와 국경을 접하고 있는
나라는 몇 개일까?

❶ 2개 ❷ 4개 ❸ 6개 ❹ 8개 ❺ 10개

Answer. ❹ 8개

탄자니아는 북쪽으로 케냐와 우간다, 서쪽으로 르완다와 부룬디, 콩고민주공화국, 남쪽으로 잠비아, 말라위, 모잠비크와 접해있다.

Q3.

탄자니아에 있으며
독립적으로 서 있는 산 중
세계에서 가장 높은 산이자
아프리카 대륙에서
가장 높은 산은 무엇일까?

❶ 메루산　❷ 킬리만자로산　❸ 에베레스트산
❹ 엘곤산　❺ 에미쿠시산

Answer. ❷ 킬리만자로산

아프리카 대륙에서 가장 높은 산이며 독립적으로 서 있는 산 중 세계에서 가장 높은 킬리만자로산은 해발 5,895미터로, '아프리카의 지붕'으로 불리며 가장 높은 봉우리에서는 만년설을 볼 수 있다.

Q4.

영화 〈라이온 킹〉에서 나오는
'하쿠나 마타타!(걱정 마, 다 잘 될 거야!)'는
탄자니아에서 쓰는 대표 언어이다.
그 이름은 무엇일까?

❶ 하우사어   ❷ 줄루어   ❸ 월로프어
❹ 아프리칸스어   ❺ 스와힐리어

Answer. ❺ 스와힐리어

스와힐리어는 동부 아프리카를 중심으로 약 1억 명 이상의 사람이 사용하고 있다.

Q5.

탄자니아의 유명 관광 명소
세렝게티 국립 공원에는 '빅5'라고 불리는
대표적 동물이 있다.
다음 중 빅5에 속하지 않는 동물은?

❶ 코끼리 ❷ 기린 ❸ 사자 ❹ 버팔로 ❺ 코뿔소

Answer. ❷ 기린

세렝게티 국립 공원은 굉장히 넓어서 차를 타고 동물을 찾아다니는 사파리 체험을 할 수 있다. 그때 '빅5'라고 불리는 동물을 모두 만나면 굉장한 행운이라고 한다. 기린은 비교적 쉽게 만날 수 있는 동물이어서 아쉽게도 빅5에 들어가지 못했다. 코끼리, 사자, 물소, 코뿔소, 표범이 바로 행운을 가져다주는 빅5 동물이다.

1부

카리부! 탄자니아

서두르는 것에는 축복이 없고
천천히 해도 결국은 간다.

뛰어난 자연환경 축복받은 땅

탄자니아는 아프리카 대륙 동부에 속해 있으며, 위도는 남위 1~12도, 경도는 동경 29~41도로 적도 이남에 위치해 있다. 면적은 세계에서 31번째, 아프리카 대륙에서는 13번째로 넓은 94만 7,300제곱킬로미터로 한반도의 약 4.3배이다.

탄자니아는 여덟 개 나라와 이웃하고 있는데 북쪽으로는 케냐와 우간다, 서쪽으로는 르완다와 부룬디, 콩고민주공화국, 남쪽으로는 잠비아, 말라위, 모잠비크와 국경을 접해있다. 약 800킬로미터의 동쪽 해안선은 인도양과 맞닿아있다.

탄자니아에는 아프리카 대륙에서 가장 높은 곳과 가장 낮은 곳이 모두 있는데 킬리만자로산과 탕가니카 호수가 그 주인공이다. 킬리만자로산은 산악 지대가 밀집되어있는 북동부에 있

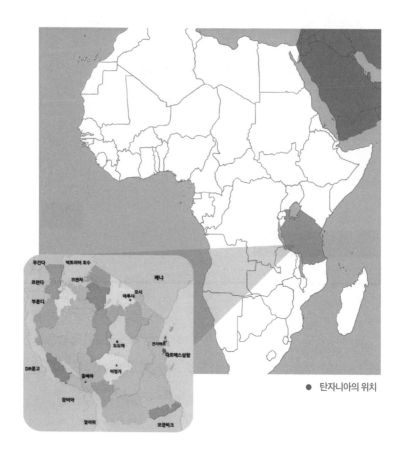

● 탄자니아의 위치

고 탕가니카 호수는 서쪽에 위치해 있다.

　이 밖에 북쪽에는 아프리카에서 가장 큰 호수인 빅토리아 호수가, 남서쪽에는 냐사 호수가 있는데 이 두 호수는 탕가니카 호수와 더불어 '아프리카의 대호'라고 불린다. 중앙 탄자니아는 평야와 경작지가 있는 고원 지역이고, 동부 해안에는 잔지바르, 펨바, 마피아와 같은 섬이 있다.

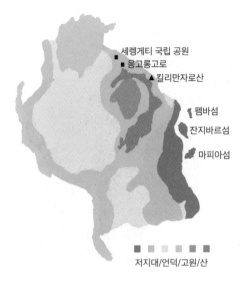

세렝게티 국립 공원
응고롱고로
▲킬리만자로산

┏ 펨바섬
잔지바르섬

마피아섬

저지대/언덕/고원/산

● 탄자니아의 지형

　탄자니아는 전체 토지 면적 중 약 38퍼센트가 보호 지역으로 지정되어있으며, 22개의 국립 공원과 40개의 보호 지역, 해양 공원이 있다.

　탄자니아는 지리적으로나 환경적으로 축복받은 땅이다. 뛰어난 자연 경관과 다양한 천연자원, 인도양과 맞닿아있는 좋은 입지 덕분에 오래전부터 무역과 문명이 발달했다. 또한 다양한 세계 문화유산과 킬리만자로산, 세렝게티 국립 공원 등 세계적으로 유명한 관광 명소가 많아 세계 각국 사람들의 발길이 끊이시 않고 있디.

● 유네스코 세계 문화유산으로 지정된 탄자니아의 관광 명소

탄자니아에 여행 온 관광객들은 가장 먼저 킬리만자로산에 올라가서 풍성한 산의 기운을 느낀 후 세렝게티 국립 공원과 응고롱고로 분화구와 같은 광활한 평야에서 낮에는 사파리를, 밤에는 무수히 쏟아지는 별을 보며 즐긴다. 마지막으로 다르에스살람을 거쳐 잔지바르섬으로 이동해 아름다운 해변에서 휴양을 즐기는 것으로 여행을 마무리한다. 짧게는 2~3주, 길게는 몇 달씩 휴양하기 위해 오는 사람들이 있을 정도로 탄자니아에는 아름답고 즐길 만한 관광지가 많다.

한여름의 크리스마스를 만날 수 있는 곳

탄자니아는 전반적으로 열대 사바나 기후라서 더운 편이지만 넓은 면적과 다양한 지리적 특성으로 인해 지역마다 조금씩 다른 기후를 가지고 있다.

해안가와 해안에서 가까운 내륙 지역의 평균 기온은 27도로 온도 및 습도가 높은 편이다. 중앙 평원의 경우는 덥고 건조하며 일교차가 심하다. 하지만 고원 지대로 가면 1년 내내 시원하고 건조한 날씨로 상쾌함을 느낄 수 있고, 빅토리아 호수 지역은 계절적 변화가 거의 없다.

탄자니아의 옛 수도인 다르에스살람은 적도와 따뜻한 인도양의 영향을 받는 열대 기후로 1년 내내 덥고 습하다. 연간 강수량은 약 1,100밀리미터이며, 두 번의 우기가 있는데 3~5월은 비가 길게 내리고 10~12월은 비가 짧게 내린다.

반면 잔지바르를 포함한 섬들은 기본적으로 열대 기후이지만 우기를 제외하고는 항상 바닷바람이 불고 있어 체감 온도가 내려간다.

북쪽에 위치한 아루샤의 경우 적도와 근접해 있지만 메루산의 남쪽 경사면 1,400미터에 위치해 있어 기온이 비교적 낮고 습기도 적은 편이다. 이러한 자연환경 덕분에 15~30도 정도의 시원하고 건조한 날씨를 1년 내내 즐길 수 있다.

탄자니아의 계절은 한국처럼 사계절이 있는 것은 아니다.

■ 열대 우림 기후

■ 열대 몬순 기후

■ 사바나 기후

■ 사막 기후(온난 사막)

■ 스텝기후(온난 스텝)

■ 온대 하우 기후

■ 온대 하우 기후/
  아열대 해양성 고산 기후

■ 서안 해양성 기후

■ 지중해성 기후

● 탄자니아의 기후

하지만 명확하게 구분된다. 북동 계절풍이 부는 12~3월까지
는 뜨겁고 건조한 날씨가 이어지고, 우기인 4~5월에는 폭우가
내린다. 10~12월에는 비가 오지만 3~5월보다는 비가 조금 내
린다. 그리고 남서 계절풍이 부는 6~10월까지는 가장 건조하
고 춥다. 만약 12월에 탄자니아를 방문하면 한국에서는 상상할
수 없는 뜨거운 크리스마스를 즐기게 될 것이다.

두 개의 수도,
다르에스살람과 도도마

탄자니아는 수도가 두 개이다. 과거의 수도이자 경제적 수도 역할을 하는 다르에스살람*Dar es Salaam*과 공식적인 수도이자 행정과 정치의 중심인 도도마*Dodoma*이다. 우리나라와 비교하면 다르에스살람은 서울, 도도마는 세종시와 비슷하다고 생각할 수 있다.

다르에스살람

탄자니아의 옛 수도이자 가장 큰 도시인 다르에스살람은 예

다르에스살람

전에는 음지지마* 라고 불렸다. 다르에스살람은 아랍어로 '집'을 뜻하는 다르*Dar*와 '평화'를 의미하는 살람*Salaam*이 합쳐져 이름이 지어졌다고 전해진다. 두 가지 의미를 더해 '평화의 집' 또는 '평화의 땅'이라는 뜻을 지니고 있다.

다르에스살람은 1884년 탄자니아가 독일에 점령된 후 1891년까지 독일령 동부 아프리카 행정 중심지 역할을 했으며, 1차 세계대전이 끝난 후인 1961년부터 1964년까지 영국의 탕가니카 위임 통치령에 의해 탕가니카의 수도로서 탄자니아의 중심 도시 역할을 했다.

현재 다르에스살람주는 키논도니, 일랄라, 테메케, 키감보니, 우붕고로 다섯 개의 하위 행정 구역으로 나누어져 있다. 이들은 우리나라의 행정 단위인 '구'보다는 크다.

다르에스살람은 탄자니아에서 가장 큰 도시이다. 1974년 탄자니아는 공식적으로 행정 수도를 도도마로 옮겼으나 다르에스살람은 지금도 탄자니아의 핵심 도시이자 경제와 무역의 중심지로 2000년 이래 탄자니아의 높은 성장률을 이끌고 있다.

• 스와힐리어로 건강한 마을이라는 뜻

● 줄리어스 니에레레 국제공항의 국내선(구) 공항 청사

● 줄리어스 니에레레 국제공항의 국제선(신) 공항 청사　　　(출처-jnia.go.tz)

● 다르에스살람은 탄자니아에서 가장 큰 도시이다.

가장 큰 항구와 줄리어스 니에레레 국제공항이 있어 중동·인도·유럽과 다른 아프리카 나라들을 연결하는 구심점 역할을 하고, 주요 기업의 지사가 많아 경제 활동의 중심이 되고 있기 때문이다.

다르에스살람 항구는 인도양의 천연 항구로 탄자니아 해운 물량의 80퍼센트를 처리하고 있으며 주요 철로와 고속도로가 시작되는 탄자니아 운송 체계의 중심지 역할도 하고 있다. 다르에스살람은 해안에서 탄자니아의 남쪽에 접경하고 있는 잠비아까지 연결하는 철도 '타자라*TAZARA*' 같은 인프라를 가지고 있다.

다른 도시에 사는 사람들은 대부분 농업에 종사하지만 이 도시에 사는 사람들은 제조, 무역 및 서비스업에 종사하는 비중이 매우 높은 편이며 다른 지역보다 빈곤율이 훨씬 낮다.

도도마

도도마는 탄자니아의 행정 수도로 나라의 중앙 부분에 위치해 있으며 해발 1,135미터에 이른다. 1907년 탄자니아 중앙철도 건설 기간 동안 독일 식민지 개척자들에 의해 도시의 모습을 갖추게 되었다고 한다.

1974년 탄자니아 정부는 해안가에 위치한 다르에스살람에서 나라의 중심 지역인 도도마로 수도를 이전한다고 발표했으나 실제로는 1996년 탄자니아 의회가 실행에 옮겼다. 고(故) 존 폼베 마구풀리*John Pombe Magufuli* 대통령 집권 이후 총리실을 비롯한 대부분의 정부 부처가 도도마로 옮겨간 것인데 다르에스살람에도 정부 부처 사무실이 남아있지만 대체로 분소 역할을 담당하고 있다.

쾌적한 기후, 아름다운 풍경, 발전 가능성이 큰 교통의 중심지이지만 현재 도도마주에는 국내선 공항만 있다. 아프리카개발은행*AFDB, African Development Bank*

• 도도마

의 차관을 받아 음살라토 국제공항 건설 프로젝트가 진행되고 있는데 2021년 예산 승인 절차를 마무리하는 대로 곧 건설에 착수할 예정이며 2단계에 걸쳐 4년간 진행되어 2025년에는 완공될 것으로 예상된다. 도도마에는 탄자니아 집권 여당인 혁명당 본부가 있다.

탄자니아의 상징들

네 가지 의미가 담긴 국기

탄자니아의 정식 명칭은 '탄자니아 합중국'이다. 1961년과 1963년에 영국에서 독립한 탕가니카와 잔지바르가 1964년에 합병해 한 나라가 되었다.

탄자니아 국기의 네 가지 색은 각 색마다 특별한 의미를 지니고 있다. 상단 왼쪽의 초록색은 국토와 대지를, 중앙의 노란색 띠는 광물 자원을, 가운데 검정색 선은 국민을, 하단 오른쪽의 파란색은 강과 호수, 인도양을 나타낸다.

현재의 탄자니아 국기가 탄생하기까지 다양한 변천사가 있다. 독일과 영국 식민지 시절 국기는 현재와 다른 모습이었다.

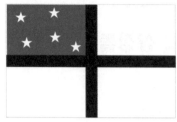

● 독일령 탄자니아 국기

● 영국령 탄자니아 국기

● 탕가니카 국기

● 잔지바르 국기

● 탄자니아 국기

영국이 탄자니아를 지배하던 시기에는 국기에 기린이 있었는데 이는 20세기 초반 탄자니아에 기린이 많이 살고 있었다는 것을 보여준다. 지금도 탄자니아의 국립 공원에 가면 기린을 어렵지 않게 볼 수 있다.

탄자니아는 탕가니카와 잔지바르가 서로 합병되면서 합중국이 되었기 때문에 국기 역시 두 나라의 국기가 하나로 합쳐지면서 지금과 같은 형태가 되었다.

통일되기 전 탕가니카와 잔지바르의 국기와 현재의 탄자니아 국기를 비교해보면 국기의 초록색과 검정색 부분의 면적이나 위치가 동일하다는 것을 알 수 있다. 통일된 후 하나의 국기를 만들면서 탕가니카 국기를 대각선 방향으로 변경하고 하단 초록색 부분을 잔지바르 국기의 상단에 있는 파란색으로 바꾼 것이다.

자유와 연합을 나타내는 국장

한 나라를 상징하는 문장인 국장은 외국에 보내는 공문서나 국가적으로 중요한 문서에 사용한다. 탄자니아의 국장은 킬리만자로산 위에 두 남녀가 전사의 방패를 들고 있는 모습이다.

중앙에 있는 방패를 보면 맨 윗부분이 노란색 배경인데 이는 '광물 지인'을 이미하며, 그 다음 칸에는 탄자니아의 국기

● 탄자니아 국장

가 있다. 세 번째 칸의 붉은색 배경은 '아프리카의 붉은 대지'를, 가장 아래쪽에 있는 흰색과 파란색의 물결무늬는 '땅, 바다, 호수와 해안 지역'을 나타낸다.

노란색 배경에 있는 성화는 '자유와 계몽, 문명과 지식'을, 가운데 있는 창은 '자유의 수호'를, 붉은색 배경 위에 있는 도끼와 괭이는 '국가 발전을 위한 국민들의 도구'를 뜻한다. 만년설이 있는 킬리만자로산 위에 서 있는 남자와 여자는 상아와 방패를 잡고 있다. 남성의 발밑에 있는 정향나무와 여성의 발밑에 있는 목화나무는 '협력과 협동'을 상징한다.

가장 아래쪽에 있는 문구는 스와힐리어로 '자유와 연합*Uhuru na Umoja*'이라고 쓰여있는데 이는 탄자니아의 국가 이념이기도 하다.

지혜, 연합, 평화를 노래하는 국가

탄자니아는 탕가니카에서 사용한 〈갓 블레스 아프리카*God*

Bless Africa〉라는 노래를 잔지바르와 합병한 후에도 계속 국가로 사용해왔다.

남아프리카공화국에서도 이 노래를 국가의 일부분으로 사용하고 있으며, 잠비아에서도 가사만 달리하여 국가로 사용하고 있다. 이전에는 짐바브웨와 나미비아에서도 사용했다.

탄자니아에서 사용하는 버전은 공식 언어인 스와힐리어 버전으로, 원작자인 에녹크 손통가*Enoch Sontonga*가 1897년 호사어로 지었던 것을 번역한 것이다. 내용은 아프리카와 탄자니아가 지혜, 연합, 평화가 넘치는 곳이 되도록 축복하는 메시지가 담겨있다.

1절

Mungu ibariki Afrika
하나님, 아프리카를 축복하소서

Wabariki viongozi wake
아프리카의 지도자를 축복하소서

Hekima Umoja na Amani
지혜, 연합, 평화

Hizi ni ngao zetu
이것들은 우리의 방패입니다

Afrika na watu wake
아프리기와 그 사람들

Ibariki Afrika
아프리카를 축복하소서

Ibariki Afrika
아프리카를 축복하소서

Tubariki watoto wa Afrika
아프리카의 아이들, 우리를 축복하소서

2절

Dumisha uhuru na umoja
자유와 연합을 영원하게 하소서

Wake kwa waume na watoto
남녀노소 모두

Mungu ibariki Tanzania na watu wake
하나님, 탄자니아와 그 사람들을 축복하소서

Ibariki Tanzania
탄자니아를 축복하소서

Ibariki Tanzania
탄자니아를 축복하소서

Tubariki watoto wa Tazania
탄자니아의 아이들, 우리를 축복하소서

탄자니아 국가 듣기

과거와 현재를 동시에 볼 수 있는 영적인 존재, 기린

탄자니아의 국가 상징인 기린은 법으로 보호되고 있다. 대통령의 명령에 따라 예외가 있기는 하지만 대부분 기린을 죽이면 감옥에 간다.

기린의 긴 목은 과거와 현재를 동시에 볼 수 있는 능력을 상징하며 탄자니아 사람들은 이런 기린을 우아하고 친절한 동물로 여기고 있다. 그들은 기린을 통해 삶을 모든 각도에서 바라보고 이

● 탄자니아의 상징인 기린

해하고자 노력하며 신체적, 정신적, 영적의 측면에서도 기린처럼 힘과 유연성을 가질 수 있기를 원한다.

자유를 상징하는 킬리만자로의 횃불, 우후루 토치

우후루 토치는 '자유의 횃불'이라는 뜻으로 자유와 빛을 상징한다. 1961년 탄자니아의 초대 대통령 줄리어스 니에레레는

● 우후루 토치　　　　　　　　　　　　(출처-dailynews.co.tz)

"킬리만자로 정상에 불을 밝혀 절망이 있는 곳에는 희망을 가져다주고, 원수를 사랑하게 하고, 증오가 있는 곳에 존중을 가져다준다."라고 연설했다. 우후루 토치를 밝힌 킬리만자로 정상을 '우후루 피크'라고 부르기도 한다.

　탄자니아는 그들이 누리고 있는 자유와 단결과 평화를 지켜야 할 의무가 있다는 사실을 상기하기 위해 매년 전국에서 우후루 토치 봉송 행사를 열고 있다. 이 행사는 특정한 지역에서 시작해 10월 14일에 끝난다. 탄자니아 정부의 국가 개발 계획에 따라 매회 다른 슬로건으로 행사가 진행되고 우후루 토치가 지나가는 곳에서는 새로운 개발 프로젝트를 시작하기도 한다.

동부 아프리카의 공용어, 스와힐리어

탄자니아에서 사용되는 스와힐리어는 아프리카 동부 지역에서 널리 쓰이는 반투 어군 언어이다. 아프리카 최대의 언어 중 하나이자 가장 대중적으로 알려진 토착어로 동부 아프리카 지역의 공통어 역할을 하고 있다.

스와힐리어를 사용하는 대표적인 나라는 탄자니아와 케냐이다. 두 나라에서 스와힐리어는 국어와 공식 언어의 역할을 한다. 다만 케냐보다 탄자니아에서 스와힐리어를 쓰는 사람이 훨씬 많다. 케냐는 탄자니아에 비해 일상생활에서 모국어(민족 언어)를 더 많이 사용하고 관공서나 학교에서는 영어를 더 많이 쓰고 있다.

탄자니아와 케냐 이외에도 우간다, 콩고민주공화국, 르완다,

부룬디, 말라위, 마다가스카르 등지에서도 스와힐리어를 사용하고 있다. 또한 소말리아의 남부 지역에서도 통용되며 2004년에는 아프리카연합의 공용어로도 지정된 바 있다. 2021년 유네스코에서는 매년 7월 7일을 세계 스와힐리어의 날로 지정했다. 제2언어로 사용하는 인구까지 포함하면 대략 1억 명 전후의 사람이 스와힐리어를 사용하고 있는 것으로 추정된다.

존댓말이 존재하는 스와힐리어

한국에서는 존중하는 의미로 연장자에게 높임말을 쓰는데 탄자니아에도 우리나라의 높임말처럼 연장자에게 사용하는 표현이 있다. 예를 들어 '시카모오*Shikamoo*'라는 인사말은 할아버지, 할머니 등 자기보다 나이가 많은 연장자에게 존경을 담아 인사드릴 때 사용하는 표현이다. '내가 당신의 발아래에 있다'라는 의미이다.

사실 이 표현에는 가슴 아픈 역사가 담겨있다. 과거 식민 지배를 받을 당시 현지인들은 백인을 존중한다는 의미로 "시카모오."라고 인사해야 했다. 그리고 그 인사를 받은 백인들은 "마라하바*Marahaba*."라고 대답했다. 그러나 지금은 과거에 통용되었던 의미로 사용하는 것이 아니라 나이 많은 사람에게 인사할 때 공경의 의미로 쓰이고 있다.

일반적으로 사람을 만나면 '후잠보*Hujambo*(영어의 How are you?에 해당되는 표현)', '씨잠보*Sijambo*(영어의 I am fine.이라는 의미)'라는 인사말을 주고받는다. 또한 친한 친구나 손아랫사람에게는 "맘보*Mambo*!"라는 가벼운 인사말을 사용하기도 한다.

이처럼 인사말이 다양한 탄자니아에서 생활하다 보면 인사가 얼마나 중요한지 새삼 깨닫는다. 길을 가다 처음 만나는 사람에게도 서슴지 않고 인사를 나누는 모습이 참 정겹다. 인사하는 모습만 봐도 관계 중심적인 탄자니아의 생활 모습을 알수 있다. 탄자니아에서 한동안 생활하다가 한국에 돌아오면 오가며 서로 지나쳐도 인사하지 않는 우리 문화가 오히려 어색하게 느껴지기도 한다.

탄자니아에서는 처음 보는 사람과도 인사를 꼭 하는 편이며 사람들을 만나거나 모임에 가도 서로 인사하는 데 시간을 많이 할애한다. 가정 문제, 가족, 자녀, 교육, 일터 등에 대한 이야기를 서로에게 충분히 묻고 답한 후에야 본론으로 들어가 이야기를 나눈다. 혹시 여러분도 길을 가다가 탄자니아 사람을 만나면 어려워하지 말고 자신 있게 인사를 건네보자.

스와힐리어 배워보기

스와힐리어는 영문 알파벳으로 표기하며 X와 Q를 제외하고는 소리 나는 대로 읽으면 된다. 다음은 알아두면 유용하게 쓸 수 있는 스와힐리 어이다.

표기	발음	의미
Habari Gani?	하바리 가니?	잘 지내요?
Nzuri	은주리	좋아(요), 잘 지내요
Mambo / Jambo?	맘보? / 잠보?	안녕?
Poa	포아	좋아(요), 잘 지내요
Karibu	카리부	환영합니다. 천만에요
Asante	아싼떼	감사합니다
Rafiki	라피키	친구
Jirani	지라니	이웃
Kwa Heri	콰 헤리	안녕(작별 인사)
Hapana	하파나	아니요
Nakupenda	나쿠펜다	나는 너를 사랑해
Hakuna Matata	하쿠나 마타타	걱정 마, 다 잘 될 거야

한국에서 스와힐리어를 배우는 방법

스와힐리어에 관심 있는 사람이라면 한국에서도 스와힐리어를 배울 수 있다. 주한탄자니아대사관에서 주최하는 스와힐리어 언어 과정을 이용하면 된다.

탄자니아에서 스와힐리어를 전공한 전문 강사가 기본, 중급, 고급 과정으로 나누어 가르치는 이 수업은 이론뿐 아니라 실전 연습을 다양하게 할 수 있는 기회를 제공한다. 국내에 거주하는 탄자니아 사람들과 교류하며 현지 의상, 음식, 연극, 노래 등으로 탄자니아 문화를 체험할 수 있다. 마지막 시간에는 최종 발표회와 수료식을 하며 주한탄자니아 대사 명의의 수료증을 발급한다. 이렇듯 한국에서도 현지에서 배우는 것처럼 스와힐리어를 배우고 문화를 체험할 기회가 있으니 놓치지 말자.

● 스와힐리어 수업

탄자니아에 사는 민족

탄자니아는 세계에서 22번째(2024년 1월 기준)로 인구가 많으며, 약 120개 이상의 민족이 다양한 언어와 종교적 배경을 갖고 함께 살아가고 있다. 옛날부터 지리적인 이점을 바탕으로 교역의 중심지 역할을 해온 탄자니아에는 반투계 민족 이외에 아랍계, 인도계, 유럽계 이주민도 거주하고 있다.

아랍계 사람들은 탄자니아를 포함한 동부 아프리카 해안 지역에서 오랫동안 인도양 무역에 종사했거나 오만 술탄 왕국이 잔지바르로 수도를 옮겼을 때 정착한 이주민들의 후손이다.

인도계 사람들은 사회주의 시기에 정부에서 국유화를 추진하자 영국, 캐나다, 미국 등지로 이주했지만 여전히 탄자니아에 많이 남아있다. 이들은 다르에스살람과 같은 대도시의 시장에서 철물점, 문구점 등 생활형 비즈니스를 통해 생활을 이어가고 있다.

탄자니아에서는 민족별 인구 조사를 하지 않기 때문에 정확한 인구를 알기가 쉽지 않다. 여기서는 언어학적 통계와 탄자니아의 인구 증가율을 반영해 인구가 많은 다섯 개의 민족 집단을 소개하고자 한다.

수쿠마*Sukuma*

수쿠마어로는 '북쪽', 스와힐리어로는 '밀다'라는 의미를 지닌 수쿠마는 탄자니아에서 가장 인구가 많은 민족 집단으로 약 910만 명 이상이 살고 있다.

이들은 대부분 시골에서 살고 있지만 므완자, 다르에스살람, 시미유, 게이타, 타보라 같은 주요 도시에도 많이 살고 있다. 주로 농업에 종사하며 수쿠마어를 구사한다.

냐므웨지*Nyamwezi*

냐므웨지는 아프리카 남동쪽에 주로 사는 반투계 민족 중하나로 탄자니아에 약 230만 명 이상이 살고 있다. 이들의 조상은 주로 탄자니아의 북서쪽에 있는 타보라, 신기다, 신양가, 카타비 지역에서 살았다.

냐므웨지는 스와힐리어로 '달의 사람들'을 뜻하지만 현지 사람들은 '서쪽의 사람들'이라고 해석한다.

하야Haya

탄자니아 북서쪽에 위치한 카게라 지역에서 가장 오래 살아온 하야는 약 210만 명으로 추정된다. 금속 공예나 도자기를 만드는 장인이 많다.

마콘데Makonde

마콘데는 탄자니아의 남서쪽에 약 160만 명이 거주하고 있다. 모잠비크의 마콘데와 같은 기원으로 현지에서는 '키마콘데'라고 불리는 마콘데어를 사용한다.

전통적으로 모계 중심 사회이며 자녀와 유산이 여성에게 귀속된다. 보통 결혼을 하면 남편이 아내를 따라서 마을을 옮긴다.

이들은 흑단으로 독창적인 나무 조각을 만드는데 이 공예품은 탄자니아를 찾는 관광객들 사이에서 유명하며 질 좋은 제품은 비싼 가격에 판매된다.

차가_Chagga_

차가 인구는 약 110만 명 이상이며 대부분 킬리만자로산과 메루산의 남쪽 또는 동쪽 지역에서 살고 있다.

탄자니아에서 가장 부유한 민족 집단으로 대부분 농업에 종사한다. 거주하는 지역의 지리, 기후를 잘 활용해 성공적으로 농업을 경영하기 때문이다. 이들은 대규모 관개 사업을 통해 다양한 작물을 재배하고 있다.

전통과 현대를 동시에 사는 마사이

TV 프로그램에도 여러 번 소개된 적 있는 마사이*Massai*는 전통적으로 탄자니아와 케냐에 걸쳐있는 대지구대*Great Lift Valley* 지역에 살고 있는 유목 민족이다. 한국에서는 2000년대 초반 유행한 마사이워킹 슈즈로 그 이름이 더 알려지기도 했다.

다큐멘터리에서는 야생 동물을 잡는 용맹함이나 제자리에서 높이 뛰어오르는 춤, 화려한 액세서리, 붉은색 계통의 체크무늬 천을 두르고 다니는 모습 등 전통을 유지하며 살아가는 마사이가 많이 소개되었다. 그러나 지금은 과거의 전통을 지키기 위해서도 노력하지만 동시에 젊은 세대를 중심으로 현대화되어 이전처럼 유목 생활을 유지하며 살아가는 마사이는 점점 줄어들고 있다.

이제는 마사이도 스마트폰을 사용한다. 모바일 뱅킹을 활용하고 관광객을 대상으로 비즈니스를 한다. 정부의 정착 지원에 힘입어 일거리를 찾아 도시로 이주해 자리 잡는 사례도 늘어나고 있다. 그래서 원래 거주 지역인 탄자니아 북부 지역 외에서도 마사이를 만날 수 있다.

탄자니아를 방문할 기회가 있다면 큰 키에 멋진 장신구로 치장한 마사이 친구에게 반갑게 인사를 건네보자.

● 현대를 살아가는 마사이

(출처-Istockphoto)

● 마사이의 멋진 헤어스타일과 의상

1부. 카리부! 탄자니아 **57**

함께 생각하고 토론하기

평소 탄자니아에 대해서 알고 있는 것들을 적어봅시다. 각자 알고 있는 내용이 다를 겁니다. 아마도 탄자니아에 여행을 가본 적이 있거나 거주했던 경험이 있는 친구들 말고는 탄자니아에 대해 알고 있는 것은 매우 한정적일 것입니다. 왜냐하면 탄자니아에 대해 알 수 있는 직접적 혹은 간접적인 기회가 부족하기 때문입니다.

● 탄자니아를 포함한 아프리카 여러 나라에 대해 우리는 왜 기본적인 지식이 부족한지 그 원인에 대해 함께 고민해봅시다.

●● 어떻게 하면 사람들이 탄자니아를 포함한 아프리카 여러 나라에 관심을 가지고 그 나라에 대해 제대로 알고 배울 수 있을지 이야기해봅시다.

2부

탄자니아
사람들의 이모저모

연합하면 강해지고 분열하면 약해진다.

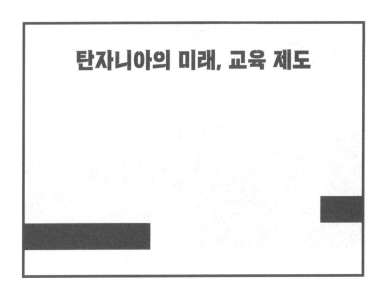

탄자니아의 미래, 교육 제도

탄자니아의 교육 제도는 한국과 어떤 차이점이 있을까? 탄자니아의 학제는 예비 초등 2년, 초등 7년, 중·고등 보통 교육 4년, 중·고등 고등 교육 2년, 그리고 3년 이상의 대학 교육으로 이루어져 있다.

교육 커리큘럼은 스와힐리어, 수학, 과학, 지리, 윤리, 역사, 영어, 직업 기술 과목, 프랑스어, 종교, 정보 통신 기술 및 학교 스포츠로 총 12과목이며, 2개 국어 정책을 펼치고 있어 학생들은 스와힐리어와 영어를 필수로 배운다. 영어는 다른 나라와 소통할 때 필요한 필수 언어이고, 스와힐리어는 문화와 유산을 지키고 전통을 이어나가기 위해 필요한 언어이다.

초등학교에서는 의사소통의 수단으로 스와힐리어를 배우며

● 탄자니아 초등학교의 수업 모습

모든 과목을 스와힐리어로 가르친다. 영어는 초등학교 고학년

부터 배우기 시작해서 중·고등학교부터는 영어로 수업을 진행

하며, 스와힐리어를 필수 과목으로 배운다.

　탄자니아의 교육 정책은 비판적이고 창조적인 사고, 의사소

통, 수리력, 기술 문맹의 퇴치, 개인 및 사회생활 기술, 독립적

인 학습 등과 같은 역량 계발에 중점을 두고 있다.

초등 교육

　1967년 줄리어스 니에레레 대통령은 아루샤에서 탄자니아

식 사회주의 경제 체제를 도입하고 주요 생산 수단을 국유화하기 위해 아루샤 선언을 발표했다. 아루샤 선언은 탄자니아 각 지역 사회의 경제 수준, 도시 혹은 지방의 특성과 무관하게 자체적으로 필요한 부분을 평가하고 이를 위한 정책을 만드는 '지역 사회 기반 학습 교육 시스템'을 규정한 것이다. 이에 따라 탄자니아에서는 초등 교육이 의무이며 무료로 제공되고 있다.

정부의 투자와 관심에 따라 학교와 교실을 새로 짓고 있지만 여전히 일부 지역에서는 학생 수에 비해 교사 수가 부족하다. 그런 까닭에 50명 가까운 아이들이 한 반에서 수업을 듣기도 한다.

초등학교는 학비가 무료이지만 책과 학용품, 교복 등은 자비로 구입해야 한다. 그래서 가정 형편이 어려운 아이들이나 경제적으로 어려운 시기의 농촌 지역 아이들은 학교를 다니지 못하는 경우도 있다. 통계에 따르면 2022년 탄자니아의 초등학교 등록율은 약 96퍼센트이다.*

• 월드뱅크 탄자니아 초등학교 등록율 통계 https://data.worldbank.org/indicator/SE.PRM.ENRR?locations=TZ

중·고등 교육

탄자니아에서는 중·고등학교를 '세컨더리 스쿨*Secondary School*' 이라고 부르는데 한국의 중·고등 과정이 하나로 합쳐진 것과 같다.

세컨더리 스쿨은 두 과정으로 나뉘는데 O-레벨과 A-레벨이다. 한국의 중학교처럼 공통 과목을 중심으로 배우는 O-레벨은 1~4학년까지 구성되어있으며, A-레벨은 대학 진학과 관련된 반을 선택하는 5~6학년으로 구성되어있다.

초등학교를 졸업하고 1차 시험을 통과한 아이들에게 세컨더리 스쿨에 입학할 수 있는 자격이 주어진다. 중·고등 교육 과정에서는 초등학교에서 배운 것을 바탕으로 대부분 영어로 수업을 진행한다. 때문에 스와힐리어가 모국어인 아이들은 영어로 공부하는 데 어려움을 겪기도 한다.

기술과 미래 교육

세컨더리 스쿨을 졸업한 학생은 대학에 진학할 수 있다. 하지만 현재 탄자니아에는 4년제 대학이나 전문 대학이 수요에 비해 공급이 충분하지 않은 상황이다. 또한 직업 기술을 제공하는 고등 교육 과정도 공급이 부족한 상태이다.

과거에는 대부분의 사람이 농업과 관련된 일을 했지만 점차 기술 기반 산업의 중요성이 커지며 새로운 교육이 필요해졌다. 이에 탄자니아는 4차 산업, 인공 지능, 드론 등 빠르게 변화하는 세계 산업의 영향에 발맞추어 외국 기관과 협력을 통해 최첨단 분야의 산업과 교육을 탄자니아에 접목하려는 시도를 점차 늘려가고 있다.

　도시를 중심으로 하는 의식 있는 부모들 또한 여느 나라와 마찬가지로 그들의 자녀에게 양질의 교육을 제공하기 위해 노력하고 있다.

종교의 자유와 조화

    탄자니아는 종교의 자유를 헌법으로 보장하고 있으며, 탄자
니아 본토와 잔지바르 정부는 종교의 자유를 보호하기 위해 다
양한 방법으로 노력하고 있다. 종교의 자유를 허락하고 다양
한 종교가 있는데도 종교 간의 갈등이 없는 것은 탄자니아의
큰 장점 중 하나이다.

    탄자니아에서 가장 큰 비중을 차지하는 종교는 기독교로 추
정된다. 1967년 이후 정부에서 진행하는 인구 조사 보고서에
종교에 대한 질문이 없어졌기 때문에 정확한 비율은 확인하기
어렵지만 2020년 퓨 리서치 센터*Pew Research Center* 조사에 따르

• 탄자니아 종교 통계 http://www.globalreligiousfutures.org/countries/

면 기독교가 전체 종교의 63.1퍼센트, 이슬람교가 34.1퍼센트, 전통 종교를 가진 사람이 1.8퍼센트, 그 외 종교가 없는 비율이 1퍼센트로 나타났다. 탄자니아에서는 기독교와 이슬람교의 기념일 모두를 국가 공휴일로 지정하고 있다.

특이한 점은 잔지바르는 섬 인구 중 98퍼센트가 무슬림이라는 것이다. 이는 과거 잔지바르가 오만의 지배를 받았고 아랍 지역과 무역을 했기 때문으로 추정하고 있다. 내륙 지역 또한 해안 지역과 무역이 활발했던 곳 중심으로 무슬림이 많다. 잔지바르에서는 히잡을 쓰고 다니는 여성과 하얀색 토브*를 입고 다니는 사람들을 쉽게 볼 수 있는데 탄자니아 본토와 같은 나라이지만 다른 풍경이 이색적으로 느껴진다.

그리고 통계에는 잘 나타나지 않지만 탄자니아 본토에서는 힌두교, 불교, 시크교 등의 신도들이 활발한 커뮤니티를 이루고 있다. 한인들의 경우에도 탄자니아 한인 교회가 있어 한인 커뮤니티 중심 역할을 하고 있고 일요일마다 예배가 이루어지고 있다.

이처럼 탄자니아는 종교가 다양하므로 그 지역 사람들의 신앙 생활을 존중하고 배려하는 것이 필요하다. 예를 들어 잔지

tanzania#/?affiliations_religion_id=0&affiliations_year=2020&region_name=All%20Countries&restrictions_year=2016
● 무슬림들이 입는 옷으로 흰색의 발목까지 오는 긴 옷

● 거리에 붙은 주술사의 광고   (출처-facebook.com)

바르에는 1년에 한 번 한 달간 진행되는 라마단 기간이 있다. 이때 무슬림들은 해가 떠 있는 동안에는 어떠한 음식도 먹지 않고 물을 마시지 않은 채 하루 다섯 번 정해진 시간에 기도를 한다. 따라서 라마단 기간 동안에는 외국인일지라도 음식은 보이지 않는 곳에서 먹고 무슬림들의 기도 시간을 존중해주어야 한다. 또한 잔지바르에서는 한국의 일요일처럼 금요일에 무슬림들이 모스크에 가서 다 같이 예배하고 기도하고 있다.

탄자니아에서 거리를 걷다 보면 위치 닥터*Witch Doctor*, 스와힐리어로 음강가*Mganga*라고 적힌 광고를 볼 수 있다. 의사, 즉 병원 광고라고 착각할 수 있는데 우리가 생각하는 의사가 아닌 한국의 무속인과 비슷한 역할을 하는 주술사 광고이다.

광고 내용을 보면 떠난 연인과의 재회, 집, 밭 등의 소유지나 신체의 보호, 구직, 사업의 번창, 사랑과 결혼의 성공 등의 상담으로 치료의 범위가 넓다. 나쁜 영의 저주, 조상의 분노, 타인에 대한 나쁜 마음이나 행동이 불행한 일이나 질병을 발생한다고 여겨 그에 알맞은 방식으로 서비스를 제공하는 것이다.

그들은 주문이나 부적, 약 복용, 제사 등을 통해 미래의 불행과 질병을 예방하는 역할을 한다. 유명한 음강가의 경우 한 번 만나려면 큰 돈을 지불하고도 오래 기다려야 한다. 다만 도시화와 세계화가 이루어지고 다양한 종교 시설을 통해 토속 신앙의 비과학성과 부작용 등이 대중에게 알려지면서 과거에 비해 주술사의 영향력과 수가 많이 줄어들고 있는 추세이다.

탄자니아의 국경일

탄자니아는 역사적으로 중요한 날을 기억하기 위해서 국가적으로 축제를 개최하고 공휴일로 지정하고 있다.

독립 기념일(12월 9일)

탕가니카가 독립하고 공화국이 된 것을 축하하는 날이다. 탕가니카는 1961년 12월 9일에 독립했고 1년 뒤인 1962년 12월 9일에 공화국이 되었다.

통일 기념일(4월 26일)

탕가니카-잔지바르 연방 공화국이라는 이름으로 통일한 것을 축하하는 날이다. 탕가니카와 잔지바르는 1964년 4월 26일에 합병하여 하나의 나라가 되었다. 줄리어스 니에레레는 탕가니카의 대통령이, 아베이드 아마니 카루메는 잔지바르의 대통령이 되었다.

혁명 기념일(1월 12일)

잔지바르가 술탄 왕국 정권을 타도한 것을 기념하는 날이다. 아베이드 아마니 카루메가 혁명가들과 함께 1964년 1월 12일에 혁명을 일으켰다.

니에레레 기념일(10월 14일)

탄자니아의 초대 대통령인 줄리어스 니에레레의 서거를 추모하는 날이다. 줄리어스 니에레레는 1999년 10월 14일에 서거했고 그의 묘지는 마라 지역에 있는 부티아마 마을에 있다.

카루메 기념일(4월 7일)

탄자니아의 초대 부통령인 아베이드 아마니 카루메를 추모하는 날이다. 아베이드 아마니 카루메는 1972년 4월 7일에 암살당했으며 묘지는 잔지바르의 웅구자에 있다.

국제무역박람회 기념일(7월 7일)

다르에스살람에 위치한 니에레레 무역박람회장에서 다르에스살람 국제무역박람회를 개최하는 날이다. 사람들은 박람회에 참가해 국내외에서 제작된 많은 물품을 관람하고 구매할 수 있다.

농부의 날(8월 8일)

탄자니아 경제 발전에 큰 기여를 하는 농부들의 수고를 격려하기 위해 지정해놓은 날이다. 탄자니아 전역에서 생산되는 여러 가지 작물을 전시한다.

이외에도 이슬람교와 기독교의 기념일도 공휴일로 지정되어있다.

탄자니아 사람들의
여가 활동

'향신료의 섬'이라고도 불리는 잔지바르에는 수백 개의 백사장이 있다. 해안을 따라 펼쳐진 긴 해변과 산호, 석회암이 아름다움을 뽐내고 있고 다이빙과 스노우쿨링을 즐기기에 좋은 곳이다.

잔지바르 북쪽 끝에 위치한 능귀 해변은 스쿠버 다이빙, 스노우쿨링 등 수상 스포츠를 즐길 수 있는 아름다운 해변으로 유명하며, 많은 외국인 특히 신혼부부나 연인에게 인기가 높다. 잔지바르 동쪽에 있는 파제 해변은 넓고 조용한 해변가로 한적한 바다를 즐길 수 있으며, 잔지바르 남쪽 끝에 위치한 키

72

● 잔지바르 해변   (출처-&beyond)

짐카지 해변은 돌고래와 함께 수영을 즐길 수 있는 곳으로 유
명하다.

해양 공원으로 지정된 마피아섬

　다르에스살람에서 남쪽으로 약 120킬로미터 떨어져 있는
마피아섬은 세계에서 산호초가 가장 풍부한 곳으로 세계 정상
급의 다이빙 장소로 유명하다. 마피아라는 섬의 이름은 '집단'
또는 '군도'를 의미하는 아랍어 또는 '건강한 거주지'라는 뜻
을 가진 스와힐리어에서 기원했다고 한다.
　1975년 탄자니아 해안에 있는 여덟 개의 작은 보호 구역이

해양 공원으로 지정되었다. 해양 공원은 마피아섬의 남부 지역을 포함해 촐레, 주아니, 지본도, 뭬주우 등의 인근 섬과 몇 몇 무인도 및 관련 수역을 포함하고 있다. 이 지역은 마피아섬 본토와 분리되어있고 산업 개발이 이루어지지 않아 세계에서 가장 오염되지 않은 곳 중 하나이다.

822제곱킬로미터에 이르는 마피아섬의 해양 공원 지역은 산호초, 바다 풀밭, 맹그로브 및 갯벌 등 열대 해양 생물의 서식지로 인정받고 있다. 특히 대모거북이 마피아섬의 해변을 중첩지로 사용하고 있어 국제적으로 생물 다양성 보존을 위한 중요한 장소로 인식되고 있다.

돌고래 투어

돌고래 투어는 잔지바르섬의 가장 남쪽에 위치해 있는 키짐카지에서 경험할 수 있다. 배를 타고 남쪽 바다 앞으로 나가면 떼를 지어 이동하는 돌고래를 만날 수 있다.

이 투어에 참가하는 사람들은 구명조끼를 착용하고 전문가의 안내에 따라 기다리고 있다가 돌고래가 가까이 오면 바다로 뛰어든다. 자유롭게 헤엄치는 돌고래 옆에서 함께 수영하는 경험은 평생 잊을 수 없을 것이다.

● 마피아섬　　　　　　　　　　　　　　　　(출처-Mafia Island)

● 돌고래 투어

잔지바리 문화를 느낄 수 있는 다양한 축제

잔지바르만의 독특한 문화를 '잔지바리'라고 일컫는다. 이 독특한 문화와 건축은 아라비아, 페르시아, 인도 및 동부 아프리카 해안에서 각각 다른 문화가 융합된 구조로 되어있다.

다양한 문화의 고향인 잔지바르에서는 지금도 많은 문화 축제가 열리고 있다. 대표적인 문화 행사로는 잔지바르 국제 영화제ZIFF, Zanzibar International Film Festival가 있는데 동부 아프리카에서 가장 큰 문화 행사 중 하나이다. 이 영화제는 지역 사회 및 경제 성장의 촉매제로 1997년 영화 및 기타 문화 산업을 개발하고 증진하기 위해 설립된 NGO이기도 하다.

또 하나의 큰 행사로는 2003년부터 매년 2월 잔지바르 스톤 타운에서 열리는 사우티 자 부싸라Sauti za Busara(영어로는 Sounds of Wisdom) 음악 축제가 있다. 이 축제는 음악 외에도 창조적인 분야들의 성장과 전문화에 기여하고, 배움의 기회를 주며, 다양한 업체와 사람들이 만남을 통해 구인·구직의 기회를 갖도록 하는 음악 축제 이상의 의미를 지니고 있다. 또한 잔지바르가 문화 여행을 선도하는 곳이 될 수 있도록 축제를 통해 홍보한다.

탄자니아에서 조심해야 할 것들

탄자니아에서는 어디를 가나 "카리부!"라는 환영 인사와 함께 손님을 대접하고 금방 친구, 형제, 자매가 된다. 주변 사람에게 호의적이며 어른과 선생님을 공경하고 다양성을 존중한다. 하지만 탄자니아를 방문하거나 거주할 기회가 있다면 다음의 여섯 가지*는 조심하는 것이 좋다.

1. 사진을 촬영할 때 먼저 양해 구하기

탄자니아에서는 아름다운 하늘과 해안을 포함한 자연 풍경 그리고 사람들의 모습에 사진기를 꺼내들게 된다. 탄자니아 사람들은 대체로 친절하고 호의적이지만 어느 나라나 그렇듯 허락을 받지 않고 사진을 찍는 것은 굉장히 무례한 일이다.

인물 사진을 찍고자 하면 항상 양해를 구해야 하고, 특히 어린아이라면 더욱 조심스럽게 물어봐야 한다. 특정한 민족은 사진을 통해 자신의 영혼 일부가 빼앗긴다고 생각하는 경우가 있다. 관광지에서 만나는 마사이 민족 같은 경우 자연스럽게 포즈를 취하며 사진 찍는 것에 응한 후 그에 대

• https://www.trafalgar.com/real-word/cultural-traditions-tanzanian-culture/

한 비용을 요구하기도 한다.

2. 왼손 조심하기

탄자니아에서는 보통 오른손으로 식사나 악수를 하고 물건을 주고받는다. 왼손은 더럽다는 인식이 있어서 화장실 갈 때 사용한다. 그러므로 탄자니아에서 인사할 때는 오른손만 사용해야 한다는 것을 기억하자.

악수를 할 때는 손을 오래 잡고 있는데 이는 친근감을 표현하는 것이다. 당황하지 않아도 된다.

탄자니아에서 인사는 매우 중요한 절차로 아무리 바쁘더라도 시간을 많이 할애한다. 만약 한 모임에 20명의 사람이 있다면 가장 연장자부터 시작해서 모든 사람과 한 번씩 악수하면서 인사한다. 다만 최근에는 코로나19 팬데믹으로 인해 예외적인 상황이다. 상대방에 대한 예의를 갖추거나 감사를 표현할 때는 왼손을 오른쪽 팔꿈치에 받치고 오른손을 내밀어 인사한다.

3. 음식 냄새 맡지 않기

집에 초대받거나 친구, 지인과 함께 음식을 먹을 때 아무리 음식이 맛있게 보여도 냄새를 맡으면 안 된다. 왜냐하면 탄자니아에서 음식 냄새를 맡는 것은 음식에 문제가 있거나 의심이 갈 때 하는 행동으로 요리를 해준 사람에 대한 굉장히 모욕적인 행동이기 때문이다. 또한 자신의 입맛에 맞지 않는 음식이 있더라도 그 음식을 아예 먹지 않고 거절하는 것은 예의에 어긋난다. 가능하면 조금이라도 맛을 보기 위해 노력하는 것이 좋다.

식사하기 전에는 꼭 손을 씻는 것이 예의이다. 우갈리와 같은 음식은 손으로 먹을 때 가장 맛있기 때문이다. 같이 나누어 먹는 공용 음식이 있다면 꼭 오른손을 사용하여 가져오는 것이 좋다.

4. 공공장소에서 애정 표현 자제하기

도시화와 세계화가 빠르게 진행되고 있지만 탄자니아의 공공장소에서 애정 표현을 한다면 사람들의 눈총을 받게 될 것이다. 가끔 서로 손을 잡고 다니는 사람들을 볼 수 있지만 이는 우정의 표현인 경우가 많고 성별이 다른 경우에는 신체 접촉이 금기시되고 있다. 탄자니아에서는 포옹이나 입맞춤 같은 애정 표현은 공공장소가 아닌 사적인 공간에서 이루어져야 하는 것이 일반적이다. 특히 무슬림이 많은 잔지바르에서는 더욱 조심해야 한다.

5. 어른과 연장자에 대한 존경 표시하기

탄자니아에서 어른과 연장자는 오래 살아온 만큼 지혜와 지식이 깊고 풍부하다고 여겨진다. 그래서 어른은 존경과 대우를 받는다. 어른의 의견에 대해 정면으로 반박하거나 무례하게 행동하는 것은 굉장한 결례이다. 연장자 혹은 어른에게 "시카모오"라고 인사하는 것은 '내가 당신의 발 아래에 있다'라는 공경의 의미를 나타내는 것이고, "마라하바"는 '그렇게 하는 것을 허락한다'라는 뜻으로 당신의 공경의 마음을 내가 받겠다는 의미이다.

6. 상황에 알맞는 적절한 옷 입기

탄자니아, 특히 잔지바르는 서구 기준으로 볼 때 사회 전반적으로 보수적인 면이 있다. 의복에 대해서는 더욱 그러하다. 전통적으로 여성은 키텡게나 캉가를 활용한 길이가 긴 스커트를 입는다. 여성이 허벅지나 가슴이 드러나거나 배꼽티를 입는 것은 파격이다. 물론 외국인에게는 조금 더 관대한 기준을 적용하지만 공식적인 행사에 노출이 심한 옷을 입고 가는 것은 실례가 될 수 있다. 수영할 수 있는 해안가와 호텔 부근을 제외한 보통의 마을에서는 남성과 여성 모두 맨살이 많이 노출되지 않는 의상을 입는 것이 중요하다.

많은 관광객이 방문하고 외국인들이 거주하며 해외여행을 가거나 해외에서 거주했던 경험이 있는 탄자니아 사람이 늘어남에 따라 탄자니아는 젊은 층을 중심으로 점점 개방적으로 변하고 있다. 전통과 현대가 공존하며 변화하는 탄자니아의 모습을 존중한다면 그동안 알지 못했던 또 다른 탄자니아의 모습을 알게 될 것이다.

다양하고 편리한 교통수단

현지 사람들이 살아가는 모습을 가까이서 볼 수 있는 방법 중 하나는 대중교통을 타보는 것이다. 예전에는 우버와 같은 애플리케이션이 없어서 택시, 바자지, 보다보다를 타면 이동 거리에 따라 가격 흥정을 해야 했다. 지금은 구글 지도를 활용해 출발지와 목적지를 찍으면 정확한 금액을 확인할 수 있고 사전에 등록된 신용 카드로 자동 결제를 하거나 현금으로 결제를 할 수 있다.

교통수단을 타고 이동하는 동안 기사나 동행 승객과 이야기를 나누다 보면 현지에서 일어나는 최신 뉴스나 유익한 정보를 얻을 수 있다.

보다보다 *Bodaboda*

　보다보다는 탄자니아에서 오토바이를 일컫는 말로 짧은 거리를 이용하거나 교통 체증이 심할 때 혹은 차량이 이동하기 어려운 지형으로 갈 때 이용한다. 케냐에서는 삐끼삐끼*Pikipiki*라고 부른다. 혹시라도 사고가 나면 차량보다 위험할 수 있으니 꼭 보호헬멧을 착용해야 한다.

달라달라 *Daladala*

　승합차부터 중형 버스까지 다양한 크기로 만날 수 있는 달라달라는 탄자니아의 대표적인 교통수단으로 정해진 목적지와 노선에 따라 운행하는 한국의 버스와 같다. 달라달라에 타면 콘다*Konda*•가 있다. 승객을 태우고 모객을 하며 승차비를 받는 사람이다. 콘다는 차량의 외부를 동전이나 손으로 두드려 운전사에게 하차 지점을 알려준다.

　차량은 일본 등지에서 수입한 중고차를 수리하고 도색한 것으로 연식이 오래되어 매연이 많이 나는 편이다. 출퇴근 시간에는 더 많은 사람이 이용하다 보니 차내가 혼잡하기도 하

• 영어로 지휘자를 뜻하는 conductor의 스와힐리어 표현

● 보다보다 기사들 (출처-All africa)

● 달라달라 시티버스

고 먼저 자리를 차지하기 위해 많은 사람이 정거장으로 달려 드는 해프닝이 일어나기도 한다. 외국인에게는 시민들이 출퇴 근하고 이동하는 모습을 가장 가까이서 만날 수 있는 기회이 기도 하다.

달라달라는 한국의 버스와 비슷하지만 다른 점이 하나 있다. 바로 차량 외부의 활용법이다. 한국에서는 버스 옆면을 광고판 처럼 활용하지만 달라달라 차량의 옆면에서는 스와힐리어 격 언, 신앙적 문구 등 재미와 의미를 가진 글귀들을 만날 수 있다.

다르트 DART

2016년 5월 처음 운행된 다르트는 '다르에스살람 버스 급 속 환승 시스템'의 약자로 한국의 버스 전용 차선과 비슷한 현 대식 교통 시스템으로 생각하면 된다. 시민들의 이동 편의를 높이고 시간을 단축시켜주는 다르트는 아프리카개발은행, 월 드뱅크, 탄자니아 정부의 지원으로 총 여섯 개의 구간이 순차 적으로 개발되고 있다. 서울의 지하철이 1호선, 2호선 등 순차 적으로 늘어나는 것과 비슷하다. 현재 1, 2구간이 완료되었고 2022년 말부터 본격적으로 3, 4구간 건설을 추진하고 있다.

다르트는 매일 오전 4시 30분부터 자정까지 210대의 버스 가 운영된다. 출퇴근 시간에는 이용 승객이 많아 버스가 모자

● 다르트

라는 경우도 있다. 정부에서는 승객들의 불편함을 해소하고 사용자들의 편의를 위해 출퇴근 시간에는 버스 70대를 추가로 투입했다.

바자지Bajaj

세계에서 가장 큰 삼륜 자동차 제조업체인 인도의 바자즈 오토가 제작한 삼륜 차량이다. 다르에스살람의 시내 중심가를 제외한 다른 지역에서는 보다보다와 달라달라의 중간 역할을 하고 있다. 애플리케이션을 활용하면 가격을 흥정할 필요가 없지

● 바자지

만 그렇지 않은 경우 아는 기사나 자주 가는 장소가 아니라면 출발하기 전에 데레바*Dereva*에게 목적지를 말하고 가격을 흥정해야 한다. 외국인에게는 조금 더 높은 가격을 부르기도 하니 현지인과 동행하거나 구글 지도를 활용하는 것이 좋다.

● 스와힐리어로 운전사를 뜻한다.

탄자니아의 경제 활동

탄자니아 화폐, 실링

탄자니아에서는 실링Shilling이라고 부르는 화폐를 쓰며 TZS 혹은 TSh로 표기한다. 탄자니아은행에서 발행되는 실링은 은, 철, 구리로 만들어진 동전 4종(50, 100, 200, 500실링)과 지폐 5종 (500, 1000, 2000, 5000, 10,000실링)으로 구성되어있다. 500실링은 지폐와 동전이 혼용되고 있으나 점차 동전으로 바뀌고 있다.

실링의 환율은 시기에 따라 달라지며 특히 달러의 영향을 많이 받는 편이다. 2024년 1월 기준 2,000실링은 한국 돈 1,050원 정도이다.

한국과 비교해서 탄자니아의 물가가 싸다고 생각하기 쉽지

● 탄자니아 화폐 　　　　　　　　　　　　　(출처-123rf.com)

만 실제로는 어떤 제품을 사는가에 따라서 달라진다. 현지 음식이나 과일, 교통비 등은 상대적으로 저렴한 편이지만 외국에서 수입하는 공산품이나 전자 제품 등은 한국과 비슷하거나 더 비싸기도 해서 생활비가 생각보다 많이 든다.

　한국의 화폐에는 율곡 이이, 퇴계 이황, 세종대왕, 신사임당과 같은 역사적인 인물과 거북선, 다보탑, 혼천의와 같은 역사적 장소 및 유물이 그려져 있다. 탄자니아 지폐에도 나라를 대표하는 인물과 장소가 그려져 있는데 500실링과 1000실링의 앞면에는 잔지바르와 탕가니카 대통령의 얼굴이, 2000실링, 5000실링, 10,000실링의 앞면에는 탄자니아를 대표하는 동물인 사자, 코뿔소, 코끼리가 그려져 있다. 각 지폐의 뒷면에는 국회의사당, 올드 포트, 광산 기계, 은행 등이 그려져 있다.

탄자니아의 생활 수준

스태티스타*Statista*의 2023년 9월 GDP 통계 자료에 따르면 탄자니아는 아프리카 55개국 중 경제 규모 9위의 나라로 가나 보다 높고 케냐보다 낮다. 명목 국내총생산*Nominal GDP*은 770억 6,000달러이며, 코로나19 팬데믹으로 2020~2021년에는 경제 성장률이 4퍼센트로 떨어졌지만 이전 5년 간은 6~8퍼센트의 높은 성장률을 보여주었다.

탄자니아의 인구는 약 6,743만 명(2023년 추정치)으로 국토 면적은 한반도의 4.3배에 달하지만 인구는 한국보다 조금 더 많은 수준이다. 1985년 계획 경제에서 시장 경제로 전환되었 지만 여전히 인구의 절반 이상은 농업에 종사하고 있다.

탄자니아의 1인당 국민소득은 국제통화기금의 2024년 추 정치 기준 1,320달러 수준으로 여전히 낮은 편이지만 사하라 이남 아프리카 나라 중 가장 높은 경제 성장률을 거두고 있다. 동부 아프리카의 관문이 되는 우수한 지리적 요건, 풍부한 광 물 자원과 관광 자원을 가지고 있어 탄자니아는 경제적으로 성 장 가능성이 높은 편이다.

이에 세계은행, 국제통화기금, 아프리카개발은행 등 국제

기구와 서양의 많은 나라가 탄자니아의 성장 가능성을 보고 탄자니아의 사회 인프라 확충을 위해 유·무상 원조 및 지원을 하고 있다. 외국인 직접 투자도 꾸준히 늘고 있다. 특히 통신, 은행 등의 서비스 부문과 제조 및 건설 부문의 성장세가 크다.

탄자니아의 성장과 발전을 위해 정부 또한 중요한 역할을 하고 있다. 탄자니아 정부는 1996년 '국가개발비전 2025'를 발표하여 빈곤율 감소와 연평균 8퍼센트 이상의 높은 경제 성장을 목표로 노력해왔다.

탄자니아의 분야별 발전

1985년부터 탄자니아의 전체 농업 GDP 성장률은 연평균 3.3퍼센트로 꾸준히 증가하고 있으며, 국가 수입의 절반과 수출품의 4분의 3을 차지하고 있다. 탄자니아에서 생산되는 주요 산물은 옥수수, 수수, 기장, 쌀, 밀, 콩, 카사바, 감자, 바나나 등이며, 수출 작물로는 커피, 면화, 캐슈너트, 담배, 사이잘, 제충국, 차, 정향, 원예 작물, 종유, 향신료 등이 있다.

수산업 분야는 전망이 더욱 밝다. 탄자니아는 동쪽으로 인도양과 맞닿아있고 잔지바르를 비롯하여 여러 섬이 위치해 있다. 내륙에는 아프리카 최대의 빅토리아 호수를 비롯해 탕가니카 호수, 냐사 호수, 루콰 호수, 에야시 호수 등이 있어 총 수면적은

6만 1,500제곱킬로미터, 해안선은 1,424킬로미터에 이른다. 배타적 경제 수역*까지 합치면 탄자니아가 추가적인 해양 활동을 할 수 있는 범위는 22만 3,000제곱킬로미터이다. 이곳은 수산 자원이 풍부해 향후 수산업의 발전 가능성이 크고 수산 자원, 수산 가공업을 발전시켜서 수출로 연결할 수 있다.

탄자니아는 케냐, 우간다와 함께 1970년대 중반에 중단되었던 동아프리카공동체EAC, East African Community를 2000년 7월부터 부활시킴으로써 3개국 사이의 정치, 경제, 사회 등 제반 분야에서 긴밀한 협력 체계를 구축하는 데 적극적인 입장을 취하고 있다. 또한 동부 아프리카 세 나라 중 유일하게 남부아프리카 개발공동체SADC, Southern African Development Community에 가입했다.

탄자니아 개발비전 2025

탄자니아는 1990년대 후반에 탄자니아 개발비전 2025TDV2025, Tanzania Development Vision 2025를 수립하고 2025년까지 다섯 가지 목표를 중심으로 경제와 사회를 발전시키기 위한 노력을 지속해

• 연안에서 200해리 수역 안에 들어가는 바다. 연안국은 이 수역 안의 어업 및 광물 자원 등에 대한 모든 경제적 권리를 배타적으로 독점하며 해양 오염을 막기 위한 규제의 권한을 가진다.

나가고 있다.

1. 양질의 높은 생활 수준
2. 평화와 안정 및 연합
3. 좋은 거버넌스
4. 높은 교육 수준과 배움이 일어나는 사회
5. 지속 가능한 성장과 공유 이익을 창출하는 경쟁력 있는 경제

이러한 노력으로 탄자니아의 국민 총소득은 지속적으로 증가해 2018년 1,020달러에서 2019년 1,080달러로 증가했다. 그 결과 2020년 7월 세계은행은 1인당 국민총소득에 따라 탄자니아를 저소득국가에서 하위 중소득국가로 분류했다. 이런 고무적인 소식을 바탕으로 탄자니아는 개발비전에 따라 2025년까지 1인당 소득 2,000달러의 중소득국가를 목표로 하고 있다.

2008~2009년, 2013년, 2019년, 2023년에 탄자니아를 방문한 나는 경제 중심지 다르에스살람을 중심으로 해마다 인프라가 발전하며 빠르게 변화하는 것을 느끼고 있다. 탄자니아가 탄자니아 개발비전 2025의 목표를 꼭 달성하고 새로운 목표를 향해 더욱 발전적으로 나아가길 기대해본다.

국제 무역과
외교의 중심지

비즈니스 중심 도시 음베야 *Mbeya*

탄자니아 남서부에 위치한 음베야는 1,700미터의 고도에 위치해 있으며 높은 산봉우리에 둘러싸여 있는 좁은 고원 계곡을 통해 뻗어있다. 이 도시는 탄자니아에서 잠비아로 국경을 넘어가는 사람이라면 반드시 거쳐야 하는 관문이다.

1905년 탄자니아에는 '골드 러쉬'라고 불릴 만큼 금 채굴 산업이 성행했는데 음베야는 1920년대 금 채굴 마을로 선정되면서 1961년까지 영국에서 관리했다. 음베야 지역은 식민지 이전 전통적인 방식으로 금을 가장 많이 채굴하는 지역이었지만 현재는 므완자에 위치한 게이타에서 가장 많이 채굴하고 있다.

● 음베야 철도

현재 음베야는 탄자니아 남부 지역과 말라위, 잠비아, 콩고 등 인근 국가를 대상으로 비즈니스의 중심 역할을 하며 성장하고 있다. 남아프리카공화국의 케이프타운에서 알렉산드리아까지 이어지는 '그레이트 노스 로드Great North Road'가 통과하면서 경제적인 혜택 또한 얻고 있다. 그레이트 노스 로드는 '케이프 투 카이로 로드Cape to Cairo road' 또는 '판 아프리칸 하이웨이Pan African Highway'라고도 불린다.

1890년경부터 영국은 그들이 지배했던 아프리카 나라 간의 결속력을 강화하고 아프리카 대륙에서 정치적, 경제적 영향력을 확장하기 위해 아프리카 종단 도로 건설을 계획했다. 이는 케이프타운, 요하네스버그, 프리토리아, 하라레, 루사카, 나이

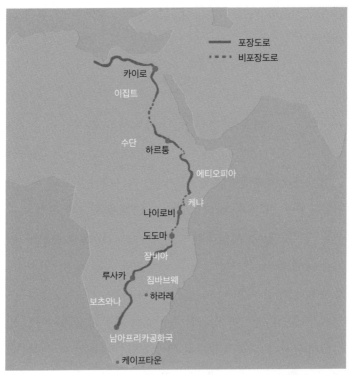

● 그레이트 노스 로드

로비, 하르툼, 카이로 등 아프리카에서 가장 중요한 도시를 잇는 야심찬 계획이었으나 중간에 독일이 지배하고 있는 탄자니아가 가로막고 있어서 차질이 생겼다.

그러던 중 1918년 탄자니아에서 독일이 물러나고 그 자리를 영국이 차지하면서 그레이트 노스 로드 계획은 급물살을 탄다. 하지만 대영 제국의 국력은 쇠퇴하기 시작했고 식민지였던 아프리카의 다른 나라들이 분열되면서 결국 이 계획은 완성되지 못했다.

외교의 허브 도시 아루샤*Arusha*

탄자니아 북부에 위치한 아루샤는 아프리카 외교의 중요한 역할을 하는 도시 중 하나로 메루산 아래에 있으며 온화한 기후를 가지고 있다. 세렝게티 국립 공원, 응고롱고로 분화구, 마냐라 국립 공원, 올두바이 협곡, 타랑기레 국립 공원, 킬리만자로산 및 메루산 국립 공원과도 가깝다.

아루샤는 탄자니아 현지인을 비롯해 아랍계 탄자니아인 및 인도계 탄자니아인, 적은 수의 백인 유럽인과 백인 미국인이 함께 살고 있으며 종교 또한 기독교, 회교도, 힌두교가 섞여있다.

주요 국제 외교의 허브 역할을 맡아 동아프리카공동체 모임이 열리기도 하고 국제형사재판소*ICTR, International Criminal Tribunal for Rwanda*도 위치해 있다.

국제형사재판소

1994년 아프리카 중동부에 있는 작은 나라 르완다에서 대학

● 메루산이 보이는 아루샤

● 아루샤 국립공원

● 르완다 국제형사재판소 로고

살 사건이 발생했다. 르완다에서 다수를 차지하고 있는 후투 출신 쥐베날 하브자리마나*Juvenal Habyarimana* 대통령과 부룬디의 시프리앵 은타랴미라*Cyprien Ntaryamira* 대통령이 평화 협상을 위해 함께 비행기로 이동하던 중 미사일에 격추되어 사망했는데, 후투 극단주의자들은 이 사건의 배후에 투치가 있다고 보고 4월 6일부터 100여 일 동안 무차별적인 학살과 폭력을 가한 것이다. 가해자와 피해자 대부분이 민간인이었으며 성인 남성뿐 아니라 여성과 아이들 포함 80만 명 이상의 투치가 살해당했다.

유엔안전보장이사회는 이 사건의 책임 소재를 가리기 위해 1995년 국제형사법원인 르완다 국제형사재판소를 설립했다. 재판소는 탄자니아의 아루샤에 있고, 르완다의 수도 키갈리에 지사가 있다. 항소심 재판소는 네덜란드 헤이그에 있다.

국제형사재판소는 1994년 르완다에서 국제인도법을 심각하게 위반한 93명을 기소했다. 기소된 사람은 주로 고위 군부와 정부 관료, 정치인, 기업인, 종교인, 민병대, 미디어 대표 등이었다.

르완다 국제형사재판소는 대량 학살이라는 정의를 처음으

로 해석하고 이와 관련해 평결을 내린 최초의 국제 재판소이다. 또한 국제 형사법상 강간을 규정하고 시민들이 대량 학살 행위를 저지르도록 자극하는 방송을 내보낸 미디어 책임자들을 기소한 최초의 국제 재판소이다.

다른 국제 법원과과 마찬가지로 르완다 국제형사재판소는 신뢰할 수 있는 국제 범죄 정의 시스템을 수립하는 데 선구자 역할을 하고 있으며 대량 학살, 인류에 대한 범죄, 전쟁 범죄 등에 대한 법적인 근거를 만들었다.

동아프리카공동체

탄자니아는 동아프리카공동체의 회원국이다. 동아프리카공동체는 동부 아프리카 8개국(부룬디, 콩고민주공화국, 케냐, 르완다, 소말리아, 남수단, 탄자니아, 우간다)의 지역 협력체로 탄자니아 아루샤에 본부를 두고 있다.

● 동아프리카공동체 로고

동아프리카공동체는 1999년 11월 30일에 서명된 조약에 근거해 설립되었으며, 조약이 발표된 후 2000년 7월 7일 케냐, 탄자니아, 우간다가 회원이 되었고, 르완다와 부룬디는 2007년 6월 18일, 남수단은 2016년 4월 15일, 콩고민주공화국은 2022년 4월 8일, 마지막으로 소말리아가 2023년 11월 24일에 동아프리카공동체 조약에 가입했다.

동아프리카공동체에는 약 3억 180만 명의 사람이 살고 있고 그중 30퍼센트가 도시 인구이다. 동아프리카공동체 나라의 전체 면적을 합해보면 540만 제곱킬로미터의 크기이고 2023년 기준으로 총국내총생산GDP은 3,129억 달러이다.

동아프리카공동체는 세계에서 가장 빠르게 성장하는 경제 공동체 중 하나로 회원국의 상호 이익을 위해 정치, 경제, 사회 등 여러 분야에서 서로 협력하고 발전하기 위해 노력하고 있다. 그 일환으로 2010년에는 공동 시장을 설립하고 동부 아프리카 통화 동맹 협정을 시행하는 등 동부 아프리카 관세 동맹이 빠른 속도로 진행되고 있다. 이를 통해 동부 아프리카 지역 통합이 본격화될 것으로 보인다.

아프리카 지역경제공동체

남부아프리카개발공동체 *SADC, Southern African Development Community*

남부 아프리카 지역의 삶의 질 향상을 위한 경제 개발, 평화 안보, 성장, 빈곤 퇴치 추진과 경제 통합을 통한 사회적 약자 지원과 공평하고 지속가능한 발전 추진을 목적으로 설립된 기구이다. 회원국은 나마비아, 남아프리카공화국, 레소토 등 총 16개국이 가입되어있다.

동남부아프리카공동시장 *COMESA, Common Market for Eastern and Southern Africa*

회원국들이 지역 통합을 통해 지속가능한 발전을 할 수 있도록 우수한 기술 서비스 제공을 목적으로 설립된 기구이다. 회원국은 부룬디, 코모로, 콩고민주공화국 등 총 21개국이 가입되어있다.

동아프리카정부간개발기구 *IGAD, Intergovernmental Authority on Development*

가뭄과 같은 자연재해 해결을 위한 회원국 간의 공동 행동 수행, 역내 발전을 위한 정치·경제·개발·사회 발전·무역 및 안보 협력 기구이다. 남수단, 소말리아, 수단, 에리트레아, 에티오피아, 우간다, 지부티, 케냐가 가입되어있다.

사헬-사하라국가공동체 *CEN-SAD, Community of Sahel-Saharan States*

기업 설립권, 소유권 및 자유로운 경제, 무역 활동 보장을 위한 기구이다. 가나, 감비아, 나이지리아 등 북서부 및 중부 아프리카 지역 28개국이 가입되어있다.

서아프리카경제공동체 *ECOWAS, Economic Community of West African States*

서부 아프리카 지역 내 경제 및 화폐 통합, 국가 간 협력 강화와 지속가능한 개발을 목적으로 설립된 기구이다. 가나, 감비아, 기니, 나이지리아 등 총 15개국이 가입되어있다.

아랍마그레브연합 *AMU, Arab Maghreb Union*

북부 아프리카 지역 내 아랍국가 간 협력을 모색하기 위한 기구이다. 알제리, 리비아, 모리타니아, 모로코, 튀니지가 가입되어있다.

중부아프리카경제공동체 *ECCAS, Economic Community of Central African States*

설립 당시 경제 통합을 통해 단일 시장 구축을 목표로 했으나 2002년 역내 안보 상황을 고려하여 공동체의 우선 순위를 평화 안보 구축으로 변경했다. 회원국은 가봉, 르완다, 부룬디 등 총 11개국이다.

탄자니아의 풍부한 천연자원

탄자니아는 땅이 넓고 자연환경이 좋아 관광 자원만큼 천연자원도 풍부하다. 주요 천연자원을 육지, 강, 호수, 바다, 산림 등 자연환경에서 얻을 수 있어 작물을 재배하거나 가축을 방목하거나 에너지원이나 건축 자재로 활용되는 목재와 광물을 채취하거나 강과 호수, 바다에서 어업에 종사하는 사람들이 많다.

탄자니아에는 특히 금, 다이아몬드, 철, 석탄, 니켈, 탄자나이트, 우라늄 및 천연가스와 같은 광물 자원이 풍부하고, 2016년 초 천연 해상 가스 매장지가 발견되기도 했다.

풍부한 천연자원으로 인해 탄자니아는 탐내는 나라들이 많았다. 시민 시대 이전부터 아랍인들과 현지 무역상들이 금, 구

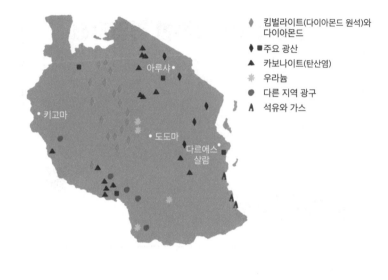

킴벌라이트(다이아몬드 원석)와
다이아몬드
■ 주요 광산
카보나이트(탄산염)
우라늄
다른 지역 광구
석유와 가스

아루샤

키고마

도도마

다르에스
살람

● 탄자니아의 자원 분포도

리, 철과 소금 등을 채석하여 판매했고, 1890년대 독일의 지배
를 받을 당시에는 빅토리아 호수 근처에서 금을 채굴하여 탄
자니아 최초의 상업적 채석이 이루어졌다. 독일이 지배했
던 34년 동안 금과 운모*로 발생된 탄자니아의 총 생산 수익은
700만~1,000만 실링으로 추정되고 있다.

　　1920년대와 1930년대에는 영국과 남아프리카공화국이 탄
자니아에 와서 채광 작업을 했고, 이 시기에 똬두이 지역에서

● 화강암 중 중요한 조암 광물

다이아몬드가 발견되었다. 그러나 이러한 채석 작업의 열풍은 2차 세계대전 중 금의 탐광이 금지되면서 점차 감소했다.

1961년 독립 이후에는 탄자니아 국가개발공사, 국영광업공사와 같은 국가 기관의 직접적인 규제하에 광물개발 산업이 발전하기 시작했으나 1980년대 후반 광업의 민영화와 자유화가 이루어지면서 정부 주도에서 민간 주도로 추세가 바뀌었다.

1990년대 초반에는 탄자니아 정부의 투자 촉진 정책하에 투자 유치 센터가 설립되면서 광물개발 산업이 점차 확장되기 시작했고 외국인 투자자들도 늘어났다. 민간 영역의 활동을 지지하는 정부의 노력과 탄자니아의 다양한 광물 자원에 대한 지리적 정보가 축적되면서 광물개발 산업의 잠재력이 점차 커지자 이 산업은 외국인 직접 투자를 늘리는 핵심 역할에도 이바지하고 있다. 관련하여 우리나라 기업의 탄자니아 광물 투자 사례로 2023년 5월 포스코인터내셔널은 흑연을 탄자니아에서 조달하는 계약을 체결했다. 1,000만 달러(약 130억 원)을 광산에 투자하여 향후 25년간 총 75만 톤 규모의 천연흑연을 공급 받을 예정이다.

탄자니아의 특별한 보석

보석에 대해 잘 아는 편은 아니지만 탄자니아에서 지낼

● 탄자나이트

때 호텔이나 리조트에서 판매하는 탄자나이트 *Tanzanite*의 아름다움에 감탄했던 적이 있다. 다이아몬드나 진주처럼 누구나 알고 있는 보석 이외의 다른 보석은 잘 모르는데도 구매하고 싶을 만큼 탄자나이트는 매혹적이었다. 당시 학생 신분이었던지라 가격이 비싸서 못 사고 돌아섰던 아쉬운 기억이 남아있다.

탄자나이트는 지구상에서 유일하게 탄자니아 북부 국경 지대에서만 채굴되는 보석이다. 1968년 세계적인 보석업체인 티파니가 그 가치를 알아보았고 당시 티파니의 최고 경영자였던 헨리 플랫*Henry Platt*이 이 보석이 발견된 탄자니아의 이름을 따서 '탄자나이트'라고 명명했다고 한다.

탄자나이트는 빨강, 보라, 파랑, 초록 등 다양한 빛을 가지고 있으며 '아프리카의 푸른 별'이라는 별명과 함께 다이아몬드, 루비, 사파이어, 에메랄드 등 4대 보석에 준하는 평가를 받고 있다.

탄자니아의 특산물, 커피

커피는 탄자니아의 가장 큰 수출 작물로 탄자니아 경제에 중요한 역할을 한다. 킬리만자로산이나 세렝게티 국립 공원을 가보지 못한 사람도 커피를 통해 탄자니아를 알고 있는 경우가 있다. 탄자니아 커피의 종류와 등급, 역사에 대해 알면 커피가 조금 더 색다르게 느껴지지 않을까?

왕실의 커피, 스페셜티 커피 탄자니아AA

커피는 생산지에 따라 이름도 다양하고 등급도 다양하게 매겨진다, 탄자니아에서 생산되는 커피도 마찬가지이다. 그렇다면 커피의 등급은 어떤 기준으로 매겨질까?

탄자니아의 경우 콩의 모양, 크기 및 밀도에 따라 커피를 채점하는 기준이 있다. 생두의 크기*에 따라 다음과 같이 6단계로 나누어진다.

등급	스크린 사이즈
AAA, AA	18이상
A	17~18
AMEX	
B	16~17
C	15~16
PB	피베리(커피체리 안에 한 개의 콩이 들어있는 원두)
E. AF. TT. T. F. HP	저품질

한국에서 맛볼 수 있는 대표적인 탄자니아 커피로는 탄자니아AA가 있다. 탄자니아AA는 탄자니아와 케냐의 국경 지대인 킬리만자로산과 메루산에서 생산되는 원두로 영국 왕실에서 즐긴다고 하여 '왕실의 커피' 또는 '커피의 신사'라는 별명을 가진 스페셜티 커피이다. 고산 지대 특유의 높은 일교차로 마운틴 커피의 특징인 높은 생두 밀도를 자랑하고 비옥한 화산 지대에서 자라 그 맛과 향이 풍부하다.

탄자니아 커피 생산량은 평균 3~4만 톤으로 아라비카와 로

• 생두의 크기는 '스크린'이라는 단위를 쓰는데 1스크린은 0.4밀리미터이다.

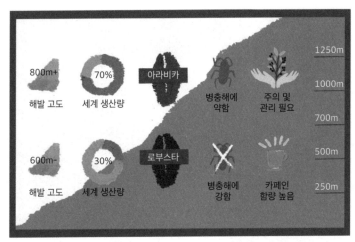

부스타 품종의 커피가 생산된다. 생산량의 70퍼센트를 차지하고 있는 아라비카는 커피 벨트 중에서도 해발 800미터 이상의 고산지와 고원에서 주로 생산되는 고급 품종 커피이다. 커피 맛이 부드러우며 균일하고 신맛이 난다.

로부스타는 해발 600미터 이하인 낮은 지역에서 생산되는 품종으로 생산량의 30퍼센트를 차지한다. 해발이 낮은 지역은 기온이 높아 커피가 빨리 자라기 때문에 상대적으로 병충해에 강한 로부스타 품종을 재배한다. '로부스트Robust'라는 말에는 튼튼하다는 의미가 있다.

아라비카의 주요 재배 지역은 북킬리만자로, 음베야, 마텡고 고원, 음빙가, 우삼바라산, 이링가, 모로고로, 키고마 및 웅

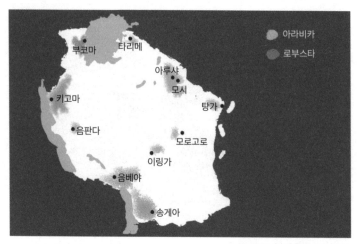

● 탄자니아의 커피 재배 지역

가라이고, 로부스타의 재배 지역은 카게라와 부코바이다.

　탄자니아 커피콩은 10월에서 2월 사이에 수확한다. 커피 농장의 90퍼센트가 소규모로 운영되고 있으며 커피 산업에만 약 27만 명 이상의 근로자가 일하고 있다.

탄자니아 커피의 역사

　커피는 16세기에 에티오피아에서 탄자니아로 처음 소개되었다. 당시 탄자니아 사람들은 커피를 끓이거나 달여 마시지 않았다고 한다. 하지만 커피 안에 있는 카페인 성분 때문에 각

● 탄자니아에서 생산되는 커피

성제로는 사용했다.

구전에 따르면 탄자니아 북서부에 위치한 카게라 지역에 살고 있는 하야 민족이 커피콩을 사용했던 유일한 민족이다. 하야 민족은 로부스타 콩을 삶아 여러 가지 약초와 함께 찐 후 씹어 먹었다고 전해지며, 커피콩을 약재뿐 아니라 통화의 형태로도 사용했다고 한다. 이런 이유로 민족 지도자들은 커피콩의 재배를 강력하게 통제했다.

하지만 19세기 후반 독일이 탄자니아를 식민 지배하면서 약재이자 통화의 한 형태였던 커피의 가치가 변화했다. 독일인은 민족 지도자들이 작물 재배를 통제하는 것을 막기 위해 다양한 법률을 도입했고, 킬리만자로산과 탕가 지역 근처까지 커피 씨

앗을 널리 보급했다. 또한 하야 민족에게 커피콩 대신 바나나와 파인애플 같은 다른 식량 작물을 재배하도록 강요했다. 독일인이 도입한 새로운 아라비카 품종의 커피를 재배하도록 압력을 가하기도 했다.

1차 세계대전 후 탕가니카를 점령한 영국군은 탄자니아에서 커피를 재배하기 위한 캠페인을 가속화하면서 다양한 토지 개혁법을 도입했다. 이에 하야 민족은 영국인에게 끊임없이 저항했고 그 결과 북서부 지역의 커피 생산이 정체되었다. 대신 커피를 재배해본 적 없었던 차가 민족이 작물을 생산하여 1925년 당시 시가로 120만 달러나 되는 6,000톤가량의 작물을 외국으로 수출했다. 이후 탄자니아에 철도가 확장되면서 영국인들은 커피 농부들에 대한 네트워크를 점차 넓혀갔다. 1925년에는 킬리만자로 원주민 재배자 협회*KNPA, Kilimanjaro Native Planters' Association*가 결성되어 농민들은 커피를 더 나은 가격으로 거래할 수 있었다.

독립 후 커피 산업의 흥망

독립 후 탄자니아 사회주의 정부는 커피 재배로 인한 이익이 크다는 것을 알고 커피 생산량을 두 배로 늘리기 위해 노력했다. 커피 농장에 다양한 지원이 이루어졌으며 음빙가 지역

● 탄자니아 커피 농장

남쪽에 대규모로 커피 재배 산지가 조성되었다. 하지만 정부의 여러 노력은 아쉽게도 실패하고 말았다. 1970년대 초반에 일어난 우자마아 운동으로 이전에 커피 생산을 주도해온 전통 사회가 새롭게 정부 주도로 형성된 마을로 대체되었지만 커피 생산에 새로운 마을 지도자들이 관여하면서 작물의 생산과 판매에 효율이 떨어진 것이다.

또한 1976년 이전에는 모든 커피 거래가 모시(아라비카)와 부코바(로부스타)에 있는 공동 소유 커피 가공 공장 두 곳에서 처리되고 모시 경매장에서 판매되었으나 1977년 모든 커피 협동조합이 해체되고 정부가 직접 커피 산업을 주관하기 시작하면서 생산 비용이 높아져 커피 생산에 큰 어려움을 겪었다.

다행히 정부는 1984년 다시 커피 생산과 판매를 협동조합과 전통 사회에 맡겼고, 1990년대 초반에는 커피 생산이 시장 주도로 바뀌는 개혁이 일어나 탄자니아의 커피 생산 시스템의 효율성이 다시 향상될 수 있었다.

현재는 탄자니아 커피협회*Tanzanian Coffee Board*가 허가증과 면허증을 발급하고 있으며 커피의 재배와 판매는 완전히 독립적인 방식으로 이루어지고 있다.

공정 무역 공정 커피

● 공정 무역 마크

커피는 전 세계 사람들이 즐겨 마시는 기호 식품이다. 한국만 하더라도 한 해에 소비되는 커피의 양이 어마어마하다. 2019년에는 커피 시장의 규모가 7조 원을 돌파하기도 했다.

그렇다면 원두를 생산하는 생산자들은 커피콩 판매와 무역을 통해 얼마나 많은 수익을 얻고 있을까? 구체적인 지역과 생산자에 따라 다르겠지만 탄자니아를 포함해 커피를 생산하는 여러 아프리카 나라의 커피 생산자들은 원두 판매를 통한 수익 구조에서 안타깝게도 정당한 대가를 받지 못하고 있다. 커피를 직접 재배하는 생산자보다는 커피를 유통하는 유통업자나 유명한 커피 브랜드 회사에 많은 수익이 돌아가는 것이다.

이러한 불공정한 구조를 바로잡고 원칙에 따라 더 투명하게 공정 거래를 하며 생산자와 노동자의 권익을 보장하는 더 나은 무역 조건을 제공해서 지속 가능한 발전을 노보하는 것을 '공정 무역'이라고 한다. 공정무역은 저소득 국가의 생산자처럼 경제적으로 불이익을 받는 사람들에게 제대로 된 소득 창출 기회를 얻게 한다. 즉 생산자들이 정당한 비용을 받고 생산품을 판매하고 지속적으로 생산을 이어나갈 수 있게 되는 것이다.

만약 한국에서 커피를 구매한다면 그 커피가 공정 무역을 통한 올바른 절차로 구입되어 유통된 제품인지 확인해보자. 공정 무역 제품을 다루고 있는 업체는 한국공정 무역협의회(*fairtrade.or.kr*)에서 살펴볼 수 있다.

국제 공정 무역 운동

국제 공정 무역 상표기구*FLO*, 국제 공정 무역 연합*IFAT*, 유럽 월드샵 네트워크*NEWS*, 유럽 공정 무역 연합*EFTA* 총 네 개의 연맹체가 협력하여 1998년에 파인 네트워크*FINE*를 조직했다. 공정 무역에 관한 표준 지침을 정했고 모니터링에 대한 시스템을 만들어 다양한 옹호 활동을 펼치고 있다.

함께 생각하고 토론하기

공정 무역은 탄자니아의 생산자가 정당한 보상과 대가를 받으면서 일할 수 있는 환경과 기회를 만들어줍니다. 그리고 한국에서는 공정 무역 물품을 구매하는 행위만으로도 현지의 자립을 돕는 데 기여할 수 있습니다. 그러나 아직까지 우리나라는 공정 무역, 공정 무역 제품에 대한 인식뿐 아니라 공정 무역 제품을 구매하기 위한 노력과 실천이 많이 부족한 상황입니다.

● 일상생활 속에서 공정 무역에 대한 인식과 이해를 높일 수 있는 방법에 대해 이야기를 나누어봅시다.

●● 공정 무역과 공정 무역 제품을 지지하고 확산할 수 있는 방법에 대해 생각해봅시다.

3부

역사로 보는
탄자니아

교육은 빈곤에서
벗어나는 도구가 아니라 극복하는 방법이다.

- 줄리어스 니에레레

인류의 요람에서
스와힐리 문화의 중심지로

> ### 인류의 요람, 올두바이 협곡과 라이톨리

지금의 탄자니아 땅에 인류가 산 지는 꽤 오래되었다. 특히 탄자니아 북부 지역의 세렝게티와 응고롱고로 사이에 있는 올두바이 협곡은 가장 오래된 인류의 흔적이 발견된 장소 중 하나이다. 야생 사이잘이 많이 자라 '올두파이*Oldupai*•'라는 이름이 붙은 이 협곡은 수백만 년 인류의 역사가 차곡차곡 퇴적되어 화석 인류학자들에게는 더할 나위 없이 중요한 장소이다.

1960년대에는 180만여 년 전 최초로 도구를 사용한 인류였

• 마사이어로 야생 사이잘을 의미한다.

● 올두바이 협곡

던 '호모 하빌리스*Homo Habilis***'의 두개골 화석과 석기가 올두바
이 협곡에서 발굴되었고, 1978년에는 협곡에서 멀지 않은 라
에톨리에서 360만 년 전 오스트랄로피테쿠스로 추정되는 세
명이 화산재 위를 걸으며 남긴 발자국이 발견되었다. 올두바이
협곡과 라에톨리에서 발견된 것은 아프리카 대륙이 현대 인류
의 기원이라는 주장에 힘을 실어주었다.

　이외에도 탄자니아 곳곳에서 인류의 오랜 흔적을 찾을 수
있다. 이시밀라에는 30만 년 전 석기 시대 인류의 흔적을 찾을
수 있는 유적지가 있고, 콘도아에는 약 1만 년 전에 그려진 암
각화가 있다.

● 손을 쓰는 사람

122

반투 어족의 이주와 스와힐리 문화의 형성

반투 어족은 반투 어군과 문화를 공유하는 집단을 일컫는 표현이다. 짐바브웨의 쇼나 민족, 남아프리카공화국의 줄루 민족, 케냐의 키쿠유 민족 등이 해당하며 현대 탄자니아인 또한 대부분 반투 어족으로 분류된다.

지금의 카메룬 땅에서 기원한 반투 어족은 수천 년에 걸쳐 동쪽으로 이주와 확장을 거듭했다. 그들은 중앙 아프리카 지역을 거쳐 약 2,000년 전 탄자니아 땅에 도착했고 선주민들과 교류하며 토착화되었다.

특히 해안가에 자리 잡은 반투 사람들은 반투어에서 파생된 스와힐리어를 중심으로 세력을 키웠고, 7~8세기경부터 인도양을 거쳐 스와힐리 해안에 당도한 아랍과 페르시아 문화권 사람들과 교류하며 자신의 문화를 풍성하게 만들어나갔다. 이 과정에서 아랍어의 많은 단어가 스와힐리어로 차용되었고, 지금도 스와힐리어에서도 아랍어 어원을 가진 단어를 쉽게 찾아볼 수 있다.

인도양을 둘러싼 아랍, 페르시아, 인도, 중국, 남아시아 등 세계 각지 상인과의 무역이 본격화된 8세기부터 스와힐리 문화권은 더욱 성장했다. 특히 10세기 무렵부터 발달한 해안의 도시 국가들은 무역의 중심지 역할을 하며 이슬람 문화를 형성해나갔다. 이늘은 국세 도시로서의 면모를 갖추면서 정치적으로는 각자 독립적인 모습으로 발전했다. 잔지바르와 킬와, 개별 국가가 된 코모로와 케냐의 말린디, 게디 등이 이에 속한다.

스와힐리 문화에 대한 오해와 재발견

초기의 스와힐리어는 아랍 글자로 기록되기도 했고 많은 단어가 아랍어를 차용하고 있었다. 이런 영향으로 스와힐리 문화권 사람들의 생활 양식이나 건물 형태를 보면 아랍 스타일로 보이는 것이 많다. 그래서 1980년대까지 학자들은 스와힐리 문화가 아프리카가 아닌 아랍과 페르시아와 같은 외부의 영향으로 생겨난 문화라고 생각했다.

하지만 잔지바르의 스톤타운이나 킬와 지역에서 아랍식 도시 국가 이전에 농부와 어부, 철기를 다루던 사람들의 공동체가 있었음이 발견되고, 소말리아나 모잠비크에서 쓰이는 스와힐리어의 사투리 등이 연구되면서 스와힐리어의 뿌리가 반투어라고 결론내렸다.

그 결과 스와힐리 문화는 아랍 문화에서 파생된 것이 아니라 아프리카에서 먼저 형성되었고 이후에 아랍 문화를 일부 받아들였다는 시각이 주류로 자리 잡았다.

스와힐리 문화를 먼저 경험한 탐험가들

이븐 바투타

이븐 바투타 *Ibn Battuta* 는 중세 아랍의 여행가이자 탐험가로 유명한 여행기 《리흘라 *Rihla* 》를 남겼다. 그의 여행기는 당대 이슬람 국가와 중국, 수마트라에 이르기까지 12만 킬로미터에 달하는 광범위한 여정을 묘사한 것으로 문화인류학적 가치가 크다. 자와할랄 네루 *Jawaharlal Nehru* 는 《세계사 편력》이라는 책

● 이븐 바투타

에서 이븐 바투타를 역사상 가장 위대한 여행가 중 한 명으로 꼽았다. 당시 금 거래의 중심지였던 킬와를 방문한 이븐 바투타는 탄자니아의 킬와를 세계에서 가장 아름답고 잘 지어진 도시 가운데 하나라고 기록한 바 있다.

> **이븐 바투타가 방문한 동부 아프리카 나라**
> 수단의 사와킨, 소말리아의 자이라와 마크다스하와, 케냐의 몸바사, 탄자니아의 킬와

바스코 다 가마

바스코 다 가마 *Vasco da Gama* 는 포르투갈의 항해자이며 탐험가이다. 1497~1499년, 1502~1503년, 1524년까지 세 차례에 걸쳐 인도로 항해했고, 유럽에서 아프리카 남해안을 거쳐 인도까지 항해한 최초의 인물로 기록되고 있다.

1497년 첫 번째 항로로 아프리카 최남단인 희망봉에 도착한 그는 아프리카 동쪽 연안을 따라 모잠비크, 몸바사를 경유해 1498년 4월 케냐의 말린디에 도착했고, 그 후 인도양을 거쳐 인도의 캘리컷에 도착했다. 바스코 다 가마의 인도 항로 개척으로 포르투갈은 해양 제국의 기초를 다질 수 있었다.

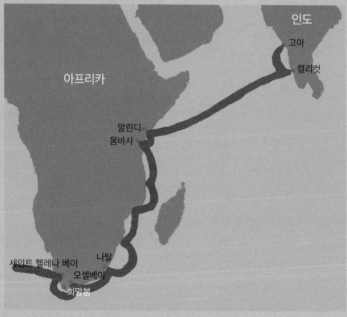

● 바스코 다 가마의 여정

잔지바르의 역사

포르투갈과 오만의 식민 지배

1498년 포르투갈의 탐험가 바스코 다 가마가 동부 아프리카 해안에 방문한 지 얼마 지나지 않아 포르투갈은 잔지바르를 식민지화했다.

포르투갈인들은 잔지바르를 약 200년간 지배했고, 이후에는 오만의 술탄 세이드 사이드_Seyyid Said_가 잔지바르의 선주민들과 연합하여 포르투갈 세력을 몰아낸 뒤 오만의 수도를 무스카트에서 잔지바르로 옮겼다.

그는 잔지바르를 근거지로 삼아 스와힐리 해안 지역을 점령해 나갔을 뿐 아니라 탕가니카 호수와 중앙 아프리카까지 닿는

무역로를 개척했고 동부 아프리카 내륙의 콩고, 부간다 왕국과
도 활발하게 교역하며 세력을 확장해나갔다. 이 과정에서 잔지
바르는 아랍 노예 무역의 중심이 되었다.

노예 무역의 아픈 역사

9세기경부터 아프리카 각지에서 끌려온 사람들이 잔지바르
와 같은 항구를 통해 아라비아, 페르시아, 인도 및 그 밖의 지
역에 노예로 팔려나갔다.

이후 잔지바르와 펨바, 모리셔스 등 아프리카 주변에 식민
지 열강의 대규모 농장이 형성되자 노예의 수요는 더욱 급증
했다. 하지만 1815년 이후 노예 무역을 실시하던 유럽의 국가
들이 노예 무역을 불법화했고, 특히 영국 해군이 엄격하게 단
속하면서 서부 아프리카의 노예 무역이 차질을 빚었다. 이에
18세기에는 동부 아프리카의 노예 수요가 증가했다.

잔지바르의 아랍 무역 상인들은 노예를 찾기 위해 아프리카
내륙으로 깊숙이 침투했다. 이들은 갈등 관계에 있는 민족 집
단 사람들을 이간질해 서로가 원수를 잡아서 노예로 팔아버리
게 하는 수법을 썼다. 이런 식으로 노예로 잡혀온 사람들은 보
석이나 금화 혹은 의류 등과 교환되었다.

내륙에서 잡혀와 노예가 된 사람들은 목에는 무거운 나무,

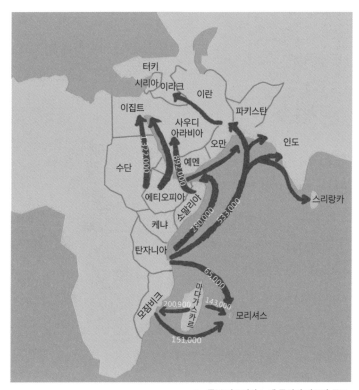

● 동부 아프리카 노예 무역의 경로와 규모

발목에는 철로 된 두꺼운 체인을 감은 채 줄지어 해안가로 이 동했다. 킬와나 바가모요와 같은 해안에 도착한 그들은 작은 돛단배에 실려 잔지바르로 이동했는데 움직이기도 힘든 작은 공간만 허용되었을 뿐 아니라 병에 걸린 노예들은 배 밖으로 던져졌다. 노예로 잡힌 사람 네 명 중 세 명은 노예 시장에 도 착하기도 전에 사망했다고 할 정도로 이들에 대한 비인간적인 대우는 상상을 초월했다.

이렇게 살아남아 노예 시장까지 도착한 사람들은 더 나은 가격에 팔리기 위해 단장되었다. 남자들은 몸에 기름을 바르고 천으로 허리를 둘렀으며, 여자들은 목걸이나 귀고리, 팔찌 등으로 치장했다. 노예를 사러 나온 구매자들은 마치 가축을 사듯 팔, 입, 치아와 눈 등을 검사했고 일을 잘할 수 있을지 판단한다는 명목으로 걷기나 달리기를 시키기도 했다.

이렇게 누군가에게 팔린 노예들은 잔지바르의 집과 농장에서 일하거나 바다 건너 오만 혹은 인도양 연안의 다른 지역으로 다시 수송되었다.

잔지바르에서의 노예 무역은 1873년 당시 잔지바르의 술탄이었던 세이드 바르가쉬*Seyyid Barghash*가 영국의 압력으로 노예무역을 금지하는 조약에 서명하기 전까지 공식적으로 행해졌고, 조약 서명 이후에도 1900년대 초까지 계속되었다.

잔지바르에 눈독을 들인 영국

1880년부터 시작된 아프리카 분할 초기, 동부 아프리카에서 식민지를 넓혀나가던 영국과 독일은 1890년 북해의 헬리골란드를 독일에, 잔지바르와 펨바를 영국에 넘기는 조약을 체결했다. 그 결과 잔지바르는 영국의 보호령이 되었다.

형식적으로나마 주권을 인정하는 보호령의 특성으로 잔지
바르는 계속해서 술탄이 지배했고 영국은 간접적으로 영향력
을 행사했다. 그러나 1896년에 술탄 계승 문제를 둘러싸고 영
국과 잔지바르는 갈등하였고 끝내 영국-잔지바르 전쟁이 발
발했다. 이 전쟁은 영국 해군의 압도적인 화력으로 약 40분 만
에 종전되며 역사상 가장 단시간에 끝난 전쟁으로 기록되었다.

탕가니카의 역사

유럽의 지배

15세기 포르투갈의 탐험가 바스코 다 가마가 동부 아프리카 해안에 방문한 것을 시작으로 1840년대에는 독일인 선교사 요한 루드비히 크랩프*Johann Ludwig Krapf*와 요하네스 레브만*Johannes Rebmann*이 킬리만자로산을 방문했고 뒤이어 영국인 리처드 버튼*Richard Burton*과 존 해닝 스피크*John Hanning Speke*가 1857년부터 2년여에 걸쳐 바가모요부터 탕가니카 호수까지 탐험하는 등 탕가니카에 대한 유럽인들의 관심이 높아졌다.

1885년에는 칼 피터스*Carl Peters*라는 독일인이 탕가니카 북동부 지역에서 동부 아프리카의 독일 식민지화를 위한 협회를 설립해 우삼바라 지역의 지도자들로부터 그들의 영토를 양도하는 계약을 맺었다. 이에 1886년 비스마르크*Otto von Bismarck* 수상은 영국과의 조약을 통해 탕가니카에 대한 독일의 종주권을 확인하고 칼 피터스의 행동을 승인했다. 대신 영국에는 잔지바

● 사이잘

르와 탕가니카 해안 지역 일부에 대한 종주권을 넘겼다.

탕가니카를 식민지화한 독일은 이곳에서의 수익을 극대화하기 위해 사이잘과 커피, 고무 등을 대규모 농장 체제로 재배했고 상품의 수송을 위해 각지를 연결하는 철로를 깔았다. 이과정에서 선주민*indigenous peoples*들은 상품 작물 재배를 강요당하거나 대규모 농장으로 끌려갔다.

독일의 강제 노동 착취에 일부 선주민들은 강하게 저항했다. 1888년 첫 번째 봉기라고 할 수 있는 아부시리*Abushiri* 반란은 독일의 간섭에 분개한 해안 지역 사람들이 아부시리를 중심으로 일으킨 반란이다. 이는 곧 독일군에게 제압당했다.

1891년 내륙 지역으로 세력을 넓혀나가던 독일은 음크와와*Mkwawa*가 지배하던 헤헤*Hehe*국의 저항에 부딪혔는데, 지형에 대해 잘 알고 있던 음크와와 군대가 게릴라 전술을 활용해 독

일의 총사령관 에밀 폰 첼레프스키Emil von Zelewski가 이끄는 군
대를 격퇴하는 식으로 이루어졌다. 이들은 1898년 음크와와가
세상을 떠나기 전까지 계속해서 독일에 저항했다.

마지마지 저항 운동

마지마지Majimaji 저항 운동은 독일의 식민 지배에 저항한 동
부 아프리카 민중의 무장 반란이다. 동부 아프리카 사람들에
게 수출용인 면화 재배를 강요하면서 시작된 이 저항 운동은
1905년부터 1907년까지 이어졌다.

아프리카 내 식민지에 대한 지배력이 상대적으로 약했던 독
일은 폭력과 강제 노동, 마을 지도자를 통한 간접 통제에 주
로 의존하고 있었다. 1898년 독일은 탕가니카에 인두세*를 도
입했고, 1902년에는 칼 피터스가 주민들에게 면화 재배를 강
요하며 1인 할당량을 부과했다. 이 과정에서 주민들의 불만은
커져나갔고 독일의 지시를 전하는 마을 지도자에게도 등을 돌
렸다. 게다가 남성들이 도로 건설 현장에 강제 노역으로 끌려
가면서 지역 경제마저 황폐해졌다. 결정적으로 1905년 가뭄이
지속되자 독일 정부의 농업과 노동 정책에 대한 불만이 반란의

• 사람 수만큼 걷는 세금

형태로 터져나왔다.

결집된 저항 세력은 독일 식민 지배자들을 몰아내기 위해 킨지키티레 은과레 *Kinjikitile Ngwale* 라는 영매의 도움을 얻었다. 그는 홍고*Hongo* 라는 뱀의 영혼이 자신을 소유하고 있다고 주장하며 자신을 보케로*Bokero* 라고 부르기 시작했다. 그리고 독일인

● 마지마지 저항 운동이 일어난 지역

들을 제거하라는 신의 계시를 사람들에게 전했다. 보케로는 그를 믿는 사람들에게 '전쟁 약'을 나누어주면서 독일군의 총알을 물로 바꿀 수 있다고 말했다. 사실 이 약은 물(스와힐리어로 마지*Maji*)과 피마자 기름, 수수의 씨를 섞은 것이다. 하지만 이 약을 통해 용기를 얻은 보케로의 추종자들은 마지마지 저항 운동에 망설임 없이 뛰어들었다.

수적으로는 우세했지만 창과 화살로만 무장한 그들은 화력이 너무 약해 이내 독일 군대에 격파되었다. 하지만 그 후로도 야오 민족이 저항 운동에 합류했고, 탕가니카의 무슬림들이 독일에 대한 성전을 선포했으며, 약 5,000명의 은고니 민족 또한 독일에 반기를 들었다.

이에 동부 아프리카 식민지 행정부는 본국에 지원을 요청했

고, 독일 황제 빌헬름 2세*Wilhelm II*가 보낸 1,000여 명의 독일 정규군이 도착하면서 마지막 저항 운동은 차례로 진압되었다.

반란이 가장 극렬했던 남부 지역부터 진압하기 시작한 독일군은 반란 세력이 활용할 수 있다는 이유로 마을과 농장, 식량 자원 등을 초토화하면서 반란군을 옥죄어갔다. 그 결과 남부의 반란은 빠르게 진압되었지만 대규모 기근이 발생해 많은 사람이 목숨을 잃는 결과를 낳았다.

마지막 저항 운동은 2년여 만에 진압되었다. 하지만 이는 독일이 동부 아프리카 식민지 정책을 일부 완화하는 계기가 되었다. 탄자니아가 독립하고 나라를 세우는 과정에서는 국민 단합의 필요성을 강조할 때 마지막 저항 운동의 사례가 활용되기도 했다.

1차 세계대전과 영국의 점령

1914년 유럽에서 1차 세계대전이 발발하면서 동부 아프리카 지역에서도 영국군이 독일령이었던 탕가니카를 침공하기 시작했다. 하지만 이미 독일 식민 정부는 탕가니카에서 상당한 수의 병력을 확보하고 훈련한 상황이었던 터라 초기 영국군의 침공은 모두 실패로 돌아갔다.

그러나 전쟁이 길어짐에 따라 독일 식민 정부는 탄약과 식량이 부족해졌고 이에 1917년부터는 게릴라전으로 전환하여 영국군에 대항했다. 그러다가 1918년 11월에 1차 세계대전이 끝나면서 항복을 선언하고 베르사유 조약에서 패전국 독일은 동부 아프리카를 포함한 모든 식민지를 포기했다. 벨기에에 넘어간 루안다-우룬디*를 제외한 독일령 동부 아프리카는 영국이 이어 받아 식민 통치하기 시작했다.

영국은 탕가니카에서 현지인 지배 체계를 통한 간접 통치 체계를 갖추고자 탕가니카아프리카인연합*TAA, Tanganyika African Association*과 같은 정치 모임을 만들고 지역 전통 지도자들의 관습법적 권한을 일부 인정했으며 전통적인 권력 체계를 기반으로 지방 정부를 구성했다.

• 지금의 르완다와 부룬디

식민 지배에서 벗어나다

탕가니카의 독립

1922년 탕가니카의 지식인들은 탕가니카아프리카인공무원 협회*Tanganyika Territory African Civil Servants Association*를 결성하고, 영국 식민 정부에 인권 존중과 더 나은 대우를 요구하는 한편 마을 도서관을 설치하면서 대중의 교육 수준 향상에도 힘썼다.

1920년대 말부터는 탕가니카 사람들의 정치 운동이 더욱 활발해져 탕가니카아프리카인공무원협회는 탕가니카아프리카인연합이라는 이름의 정당으로 발전한다. 또한 커피 가격 향상을 주요 요구 사항으로 내건 킬리만자로현지인농장주협회*Kilimanjaro Native Planters Association*와 같은 이익 단체가 결성되기도 했다.

1947년과 1948년에는 다르에스살람과 잔지바르의 항구 노동자들이 파업했다. 이러한 움직임은 탕가니카의 아프리카인들이 정치에 관심을 갖고 함께 행동하기 시작했다는 증거이다.

1948년 탕가니카 총독으로 세로 부임한 에드워드 트위닝 *Edward Twining*은 탕가니카가 앞으로 다양한 인종이 모여 사는 다인종 사회가 되어야 한다며 유럽인과 아프리카인, 당시 탕가니카에 많이 거주하던 인도인을 고려한 아시아인까지 세 인종이 공동으로 정부를 구성하는 선거 제도를 제안했다.

아프리카인들이 압도적으로 많은 탕가니카에 이런 정부를 구성하자는 것은 외부인들의 특권을 지키겠다는 의도를 너무 적나라하게 드러내는 것이었다. 결국 이 제안은 아프리카 민족주의 운동이 탕가니카에서 힘을 얻도록 하는 구실을 제공했다.

당시 탕가니카에서 아프리카 민족주의 운동을 주도하고 있던 탕가니카아프리카연합은 아프리카인들의 참정권을 둘러싼 토론 과정에 적극적으로 참여했고 전국에서 정치적 세력을 키워 1954년에는 탕가니카아프리카국민연합*TANU, Tanganyika African National Union*으로 발전했다. 탕가니카아프리카국민연합의 초대 대표로 선출된 줄리어스 니에레레는 에드워드 트위닝 총독의 다인종 정책에 반대하며 탕가니카가 '아프리카인들의 나라'가 되어야 한다고 주장했고, 1955년에는 유엔 회의에 참가해 영국의 평화로운 정권 이양을 요청하기도 했다.

● 탕가니카아프리카국민연합당원들

　1958~1959년 탕가니카에서 상원 의원을 뽑는 첫 번째 선거
가 열렸다. 이 선거에서 몇몇 당이 탕가니카아프리카국민연합
과 경쟁하려고 나섰지만 탕가니카아프리카국민연합이 압도적
으로 승리했고 당 대표인 줄리어스 니에레레가 총리가 되었다.
　당시 탕가니카아프리카국민연합과 경쟁했던 정당에는 영국
식민주의자들이 주축이 된 통합탕가니카당*UTP, United Tanganyika
Party*과 탕가니카아프리카국민연합에서 탈당한 주베리 음테
부*Zuberi Mtemvu*가 창당한 아프리카민족회의*ANC, African National
Congress* 등이 있었으나 조직력과 당 이념적 측면에서 탕가니
카아프리카국민연합의 상대가 될 수 없었다. 식민 지배에 대
한 아프리카인들의 불만이 높고 독립이 임박해진 탕가니카에

서 아프리카 민족주의 이외의 다른 이념은 선거에 무용지물이었던 것이다.

1958~1959년 선거에서 대승을 거둔 탕가니카아프리카국민연합은 정치에 적극적으로 참여하며 영향력을 키워갔다. 탕가니카는 독립되기 전인 1961년 5월부터 완전한 자치 정부를 구성했으며 1961년 12월 9일 마침내 영국으로부터 독립했다. 하지만 독립 직후에도 줄리어스 니에레레는 총리의 신분으로 영국 총독과 함께 일을 지속해나갈 수밖에 없는 상황이었다.

그로부터 정확히 1년 후 탕가니카의 마지막 영국 총독이었던 리차드 턴불Richard Turnbull이 영국으로 돌아가고 줄리어스 니에레레가 초대 대통령에 취임하면서 탕가니카는 완전한 독립을 이루었다.

잔지바르의 독립

1873년 잔지바르에서 공식적으로 노예제가 폐지되자 잔지바르 경제에서 큰 비중을 차지하던 대규모 향료 농장들이 큰 타격을 입었다. 그러다가 2차 세계대전 발발 이후 잔지바르 향신료에 대한 수요가 증가하면서 탕가니카와 말라위 등에서 노동자들이 유입되었다. 이 아프리카 노동자들은 잔지바르의 경제 부흥에 이바지했을 뿐 아니라 인종 차별과 소작농 권리를

● 탕가니카 독립을 기념해 킬리만자로산 정상
에 국기를 꽂았다.　　　(출처-Tanzanian Affairs)

● 탕가니카 독립을 축하하는 모습

위한 파업을 주도하는 등 잔지바르의 정치 변화에 새로운 바람을 일으켰다.

독립 직전 잔지바르에는 크게 두 세력이 있었다. 대농장을 경영하며 부유층에 속했던 아랍인들과 펨바의 아프리카인이 손잡은 잔지바르민족주의당ZNP, Zanaibar Nationalist Party, 웅구자의 아프리카인과 10세기경 잔지바르로 이주한 페르시아인의 후예인 쉬라지인들이 주축이 된 아프로-쉬라지당ASP, Afro-Shirazi Party이 그것이다. 이 두 세력은 독립 정부에서의 주도권을 두고 다투었다.

영국은 1963년 말에 잔지바르 보호령을 독립시킬 계획을 확정했고, 이에 앞서 독립 정권을 이양 받을 국회를 구성하기 위한 선거를 시행했다. 이 선거에서 아프로-쉬라지당은 54퍼센트의 득표율을 기록했지만 선거구 구성의 불균형으로 국회 의석의 41퍼센트만을 차지했고, 잔지바르펨바인민당ZPPP, Zanzibar and Pemba People's Party*과 잔지바르민족주의당의 선거 연합이 국회 의석의 절반 이상을 차지했다.

독립에 대한 열망이 컸던 아프리카인들은 이 결과에 크게 실망하고 아랍인들이 기득권을 유지하려 한다는 불만을 품게 되었다.

---

* 아프리카인과 쉬라지인의 연대에 반대하며 아프로-쉬라지당에서 갈라져 나온 쉬라지인들이 창당했다.

● 아베이드 아마니 카루메
(출처-Hekima Kwanza)

1963년 12월, 잔지바르는 술탄을 국가 원수로 하는 입헌 군주 국가로 독립했지만 독립 직후인 1964년 1월, 우간다에서 건너온 혁명가이자 아프로-쉬라지당원이었던 존 오켈로*John Okello*가 주도한 혁명이 성공하며 아프로-쉬라지당 대표인 아베이드 아마니 카루메*Abeid Amani Karume*가 대통령에 취임했다.

아베이드 아마니 카루메는 대통령 취임 직후부터 스와힐리어를 잔지바르의 공식 언어로 선포했고 토지를 재분배했으며 학교와 상점 등을 국유화하는 등 국민의 단결을 이끌고 오랜 기간 이어진 인종 간 불평등을 해소하기 위해 힘썼다.

탄자니아 합중국의 탄생

사회주의와 비폭력을 지향한다는 점에서 공통점을 가지고 있던 탕가니카의 줄리어스 니에레레 대통령과 잔지바르의 아베이드 아마니 카루메 대통령은 합의를 통해 1964년 4월 26일 탕가니카-잔지바르 연방 공화국을 수립하고, 같은 해 10월에는 국명을 오늘날의 이름인 탄자니아 합중국으로 바꿨다. 탄자니아라는 국명은 탕가니카와 잔지바르를 합쳐서 지은 것이며 현재 탄자니아의 국기도 두 나라의 국기를 합쳐서 만든 것이다.

연방 대통령의 초대 대통령에는 줄리어스 니에레레가 취임했고, 외교와 국방 등 연방 관련 사항 이외의 대부분 부문에서 자치권을 유지하게 된 잔지바르 대통령에는 아베이드 아마

● 서명하고 있는 줄리어스 니에레레 대통령과 아베이드 아마니 카루메 대통령
(출처-shout-africa.com)

니 카루메가 취임했다. 본토와 잔지바르에서 각각 여당의 지
위를 가지고 있던 탕가니카아프리카국민연합과 아프로-쉬라
지당은 1977년 합당하여 탄자니아혁명당*CCM, Chama Cha Mapinduzi*
을 출범시켰다.

탄자니아의 정치 체계

현재 탄자니아는 탄자니아 연방 정부가 중앙 정부로서 국가
기능을 수행하고 있다. 탄자니아는 대통령 중심제를 바탕으로
부통령과 총리를 두고 있으며, 잔지바르 자치 정부에도 대통령
을 비롯하여 사법부, 입법부, 행정부가 존재한다.

연방 대통령은 국가 원수이자 군 통수권자이며, 잔지바르를 포함한 탄자니아 전국 유권자의 직접 투표로 선출된다. 임기는 5년이고 3선은 헌법으로 금지되어있다.

탄자니아 의회는 단원제로 전체 의원 수는 393명이다. 이 중 264석은 각 선거구에서 유권자에 의해 직접 선출되고, 113석은 여성 비례 의석이며, 5석은 잔지바르 의회에서 선출된 의원을 위한 의석이다. 그 외에 법무부 장관을 위한 1석과 대통령이 지명할 수 있는 10석이 있다. 스와힐리어로 붕게*Bunge*라고 불리는 의회는 수도 도도마에 있다.

탄자니아의 대통령들

탄자니아 건국의 아버지로 지금까지도 존경받는 줄리어스 니에레레 대통령은 1964년 연방 공화국의 대통령에 취임한 이후 20년 이상 그 자리를 지키며 탄자니아의 통합과 안정을 위한 정책을 펼쳤다.

가족애와 공동체 정신을 뜻하는 '우자마아*Ujamaa*'라는 사회주의 정책을 추진하는 한편, 국가 분열을 예방한다는 이유로 일당제를 유지하고 민족주의를 배척했다.

그 결과 탄자니아에는 많은 민족 집단이 살고 있는데도 독립 이후 현재까지 큰 테러나 내전 없이 비교적 안정된 사회를 유지하고 있다.

줄리어스 니에레레의 뒤를 이은 알리 하산 므위니*Ali Hassan Mwinyi* 대통령은 경제 자유화를 추진하면서 1992년에 다당제를 도입했다. 다당제 하에서 실시된 1995년과 2000년 대통령 선거에서는 탄자니아혁명당의 벤자민 음카파*Benjamin Mkapa* 대통령이 선출되었고, 2005년과 2010년 선거에서도 같은 당의 자카야 키퀘테*Jakaya Kikwete* 대통령이 선출되었다.

이후 2015년 10월 대선에서는 야권 연대인 국민의헌법을위한연대*UKAWA, Umoja wa Katiba ya Wananchi*의 에드워드 로와사*Edward Lowassa* 후보를 이기고 존 폼베 마구폴리*John Pombe Magufuli* 대통령이 집권했다. 존 폼베 마구폴리 대통령은 2020년 10월 28일 치러진 대선에서 재임에 성공했지만 안타깝게도 2021년 3월 17일 심장 질환으로 향년 61세에 사망했다. 현재 탄자니아는 탄자니아 헌법에 따라 남아있는 임기까지(2025년) 사미아 술루후 하산*Samia Suluhu Hassan* 부통령이 대통령직을 승계하면서 탄자니아의 첫 여성 대통령이 되었다.

벤자민 음카파 전 대통령과 자카야 키퀘테 전 대통령은 양국의 외교, 경제 협력 증진을 위해 1998년과 2006년 각각 한국을 방문했다.

탄자니아의 정치 구도

현재 탄자니아의 여당은 탄자니아혁명당이며 1977년 창당한 이후 지금까지 단 한 번도 집권 여당의 위치를 놓친 적이 없다. 현재 제1야당은 1992년 창당한 민주발전당*CHADEMA, Chama Cha Demokrasia na Maendeleo*으로 중도 노선을 지향하고 여당 정책을 비판하며 도시민과 젊은 층의 지지를 받고 있다.

가장 최근 선거였던 2015년 총선에서는 부패한 집권 정치 세력의 교체와 무상 교육, 의료 환경 개선 등 빈곤 퇴치 정책을 공약으로 내건 민주발전당이 젊은 층의 지지를 모으며 2010년 선거 때보다 27석 증가한 71석을 확보했으나 여전히 탄자니아혁명당이 70퍼센트에 가까운 의석을 차지하는 압도적인 우위를 점하고 있다.

야당에 불리한 선거 제도와 건국 초기부터 이어진 통합과 화합을 중시하는 정치 문화 그리고 이념적으로 차별성을 만들지 못하는 야당의 한계 등이 탄자니아혁명당의 장기 집권 요인으로 분석되고 있다.

'선생님' 줄리어스 니에레레

탄자니아가 독립을 이루고 새로운 국가의 사상과 체계를 갖추는 과정에서 초대 대통령 줄리어스 니에레레의 역할은 지대했다. 지금까지도 탄자니아 사람들은 줄리어스 니에레레 대통령을 '건국의 아버지', '선생님'으로 부르며 존경하고 있다.

탄자니아의 초대 대통령

탄자니아 초대 대통령이자 국부로 불리는 줄리어스 니에레레는 탕가니카 독립과 합병에 앞장섰으며 우자마아로 대표되는 통합 정책을 펼쳐 탄자니아가 안정적으로 발전하고 평화를

유지할 수 있는 토대를 닦았다
고 평가된다. 그는 민족 집단과
종교, 계급을 넘어 탕가니카 사
람들을 통합하고 평등한 사회
를 만들며 사회주의 농업을 통
해 경제를 발전시키고자 했다.

● 줄리어스 니에레레
(출처-jamiiforums.com)

1922년 영국령 탕가니카에
서 자나키 민족 족장의 아들
로 태어난 줄리어스 니에레레
는 고등학교를 뛰어난 성적으
로 졸업하고 우간다의 마케레
레대학교에서 교사 교육을 받
은 뒤 탕가니카로 돌아와 약 2년간 교사로 일했다.

1949년부터 1952년까지 스코틀랜드의 에딘버러대학교에
서 공부한 후 정치인의 꿈을 품고 고국으로 돌아와서는 탕
가니카 전국을 다니며 사람들을 만나 그들의 고충을 들었다.
1953년에는 탕가니카아프리카인연합의 대표로 선출되어 이
듬해 탕가니카아프리카인연합을 탕가니카아프리카국민연합
정당으로 발전시켰다.

줄리어스 니에레레는 탕가니카아프리카국민연합의 대표로
아프리카 각국에서 독립을 준비하던 가나의 콰메 은크루마
Kwame Nkrumah, 케냐의 조모 케냐타 *Jomo Kenyatta* 등과 교류했고 런

던을 여러 번 방문하여 탕가니카의 독립을 위한 협상을 이끌었다. 또한 유엔 본부에서 유럽 정착민들의 대규모 커피 농장 조성으로 인해 자신들이 살던 땅에서 쫓겨난 메루 민족이나 기타 탕가니카에서 차별받는 사람들을 대변하기도 했다.

1961년 독립과 1964년 잔지바르 합병을 거쳐 수립된 탄자니아 합중국의 초대 대통령이 된 줄리어스 니에레레는 민주적 사회주의를 국가 이념으로 삼고 국가의 자립을 지향했다. 아프리카 최초로 식민 종주국의 언어가 아닌 탄자니아에서 널리 쓰이던 스와힐리어를 공용어로 지정해 학교에서 교육하도록 권장했다.

또한 아프리카 각국에서 벌어지던 독재와 인종 차별에 반대하며 1978년에는 군대를 보내 우간다의 독재자 이디 아민*Idi Amin*을 쫓아내는 데 이바지했고 모잠비크와 짐바브웨, 앙골라 등에서 진행되던 독립 투쟁에도 힘을 보탰다.

줄리어스 니에레레는 가족애와 공동체 정신에 기반한 아프리카식 사회주의인 우자마아를 실제 정책으로 옮겨 자급자족을 지향하는 농촌 개발에 착수하고 은행, 무역 회사, 보험사 등을 국유화했다. 그러나 떨어져 살던 농촌 사람들을 한데 모아 마을을 형성하고 공동체화하는 이러한 정책은 사람들의 저항에 부딪혔고, 홍수, 가뭄와 같은 반복되는 자연재해와 1970년대 석유 파동까지 겹치는 바람에 자급자족은커녕 오히려 원조 의존도를 높이고 농업 생산량이 줄어드는 결과를 낳으며 실패하고 말았다. 결국 우자마아는 탄자니아의 민족 통합에는 이바지했지만 경제적으로 성공한 정책은 되지 못한 것이다.

줄리어스 니에레레는 1985년에 자신의 정책이 일부 실패했음을 공개적으로 인정하며 알리 하산 므위니에게 대통령 자리를 물려주었다. 하지만 퇴임 이후에도 1990년까지 탄자니아 혁명당의 의장직을 맡았고 르완다의 집단 학살과 부룬디 내전을 해결하기 위해 중재 역할을 하는 등 활발한 활동을 이어 나갔다.

1999년 향년 77세 나이로 사망한 줄리어스 니에레레는 마라 지역에 있는 그의 고향 부티아마 마을에 묻혔다.

우자마아 정책

우자마아는 스와힐리어로 '공동체 의식' 또는 '가족처럼 함께하는 정신'이라는 뜻으로 줄리어스 니에레레 대통령이 주창했던 이념이다. 우자마아의 구체적 내용과 실천 방안은 핵심 가치인 사회주의와 자립 그리고 모든 사람의 평등을 정책으로 풀어낸 1967년 아루샤 선언에 담겨있다. 강령과 사회주의 정책, 자립 정책, 탕가니카아프리카국민연합의 조직 그리고 아루샤 결의로 구성된 아루샤 선언에 따라 탄자니아에서는 1967년부터 1987년까지 각종 사회주의와 농촌 개발 정책이 시행되었다.

우자마아는 서구의 정치 철학이나 이데올로기를 탄자니아에 적용한 것이라기보다는 줄리어스 니에레레의 정치적 철학, 사상, 가치가 담긴 연설이나 저작 활동을 통해 서서히 구체화되고 정립된 것이다.

줄리어스 니에레레가 우자마아를 정립하는 데 영향을 끼친 가치와 사상으로는 아프리카 전통 사회의 가치, 가톨릭 정신, 페이비언 사회주의, 마오쩌둥주의 등을 꼽을 수 있다. 특히 마오쩌둥주의에 영감을 받은 줄리어스 니에레레는 프롤레타리아 문화와 의식의 근원을 농촌의 일상에서 찾았고 정책 수립 과정에서도 농촌의 변화를 가장 중요하게 생각했다.

당시 대부분의 탄자니아인이 농촌에 살았기 때문에 농민과 농촌의 변화와 발전 없이는 탄자니아 사회가 발전하고 변화할 수 없다고 본 것이

● 아루샤 선언 기념탑

다. 이런 관점에서 정부는 토지의 공공성을 강화하고 자급자족을 목표로
농민의 적극적 참여를 독려했다.

하지만 정책 시행 초기 농촌 주민의 자발적 이주를 통한 마을 형성이
제대로 이루어지지 않자 정부는 설득과 권유, 강제 등 같은 방법으로 주
민들을 이주시키기 시작했다. 여기저기 흩어져 형성되어있던 작은 마을
을 부수고 집단 마을에 재정착시키는 강압적인 방식을 통해 1977년에는
농촌 인구의 80퍼센트 이상을 우자마아 마을에 정착시켰다.

그러나 우자마아 정책과 우자마아 마을은 본래의 의도와는 달리 많은
문제에 봉착했다. 우선 생산된 농산물에 낮은 가격이 책정되어 농업 생

산량이 급감했고, 커피와 사이잘 같은 주요 상품 작물의 생산도 줄어들어 외화 수입이 감소했다.

또한 소규모의 자급자족형 농업 사회에 집단 농업 체제가 도입되면서 농민들은 식량 자급 능력을 잃었고 많은 사람이 굶주림에 허덕이게 되었다. 설상가상으로 산업 시설을 운영할 전문 인력이 부족한 상황에서 주요 산업 시설과 은행, 대규모 농장에 대한 국유화가 단행되어 산업이 붕괴하고 외채가 급증했다. 자립이라는 구호와는 정반대로 외부 원조에 대한 의존성이 더욱 심해지는 결과가 나온 것이다.

이후 우자마아 정책은 대중의 자발적인 참여를 이끌어내는 데 실패하고 탄자니아와 국제 사회의 현실을 고려하지 않은 유토피아적 정책이었다는 비판을 받았다.

함께 생각하고 토론하기

탄자니아는 과거 스와힐리 문명이 꽃피고 높은 발전을 이루었던 지역
이었습니다. 하지만 오늘날의 탄자니아는 경제적인 부분에서 하위 중
소득국가로 분류되어있습니다.

과거에 문명이 꽃피고 발전했던 탄자니아가 왜 이렇게 경제적으로 어
려움을 겪는 나라가 되었을까요? 이 책에서 보았듯이 역사적으로 중
요한 많은 사건이 원인이 되어 종합적으로 만들어진 것입니다. 탄자
니아가 발전과 성장의 기회를 빼앗긴 가장 큰 원인 중 하나로 서구 열
강들의 식민 지배를 빼놓을 수 없습니다.

● 식민 지배는 탄자니아와 다른 아프리카 나라의 발전에 어떠한
영향을 끼쳤을지 이야기를 나누어봅시다.

●● 우리나라가 과거에 일본으로부터 식민 지배를 받았을 때 어떠
한 일을 겪었는지 생각해보고, 탄자니아의 상황과 비교해봅시다.

4부

문화로 보는
탄자니아

가난한 사람의 자산은 그들 자신의 힘이다.

- 벤저민 윌리엄 음카파

독특하고 다양한
탄자니아 음식

아프리카 고유 민족과 아랍계, 인도계, 유럽계 이주민이 어우러져 사는 만큼 탄자니아 음식은 다양할 수밖에 없다. 탄자니아에서는 주로 쌀, 옥수수죽, 빵, 구운 고기, 절인 쇠고기, 생선, 필라우, 비리야니, 플랜틴 바나나와 고기 등을 주식으로 먹는다. 오크라, 시금치, 녹색 완두콩, 콩 및 카사바 잎 등을 야채로 사용하며 17종 이상의 바나나로 수프와 스튜 및 튀김을 만들어 먹는다. 인도양과 맞닿은 동쪽 연안 지역에서는 향신료가 많이 들어간 음식을 주로 먹으며 코코넛 과즙도 음식에 많이 사용한다.

탄자니아 음식은 아랍과 페르시아, 인도의 영향을 많이 받았다. 다르에스살람 중심부에 인도인이 운영하는 다수의 레스토랑이 있고 탄자니아 사람들도 현지화된 인도 음식을 좋아한다.

우갈리 *Ugali*

우갈리는 탄자니아의 국민 음식으로 끓는 물에 옥수숫가루를 넣어 반죽하여 만든다. 우갈리는 탄자니아뿐 아니라 다른 동부 아프리카에서도 유명한데 말라위와 잠비아에서는 은시마, 모잠비크에서는 시마, 우간다에서는 포쇼 등 나라에 따라 조금씩 다른 이름으로 불린다.

우갈리의 재료가 되는 옥수숫가루는 탄자니아에서 쎔베 *Sembe*라고 불린다. 우갈리는 백설기와 비슷한 식감인데 그 자체로는 맛이 밍밍할 수 있어 다른 반찬과 함께 먹거나 소스에 찍어서 먹는다. 잘 요리된 우갈리는 끈적거리지도 않고 말라 있지도 않아야 한다.

우갈리는 손으로 조금 떼서 손바닥 안쪽을 사용해 어느 정

● 우갈리   (출처-tasteatlas.com)

도 뭉친 다음 엄지와 검지로 밀어내듯 잘라 먹는다. 손을 사용해 먹기 때문에 야외 레스토랑에 가면 종업원이 주전자로 손을 씻겨주기도 한다.

탄자니아에서 손으로 음식을 먹을 때는 항상 오른손을 사용한다. 종교적인 이유와 현지 관습상 왼손은 먹는 일에 사용하지 않기 때문이다.

냐마초마 *Nyama Choma*

탄자니아를 포함해 동부 아프리카에서 꼭 먹어야 하는 음식을 한 가지만 고르라면 염소, 생선, 닭 등을 바비큐한 냐마초마를 추천한다. 냐마는 '고기', 초마는 '굽다'라는 뜻을 가지고 있다.

● 냐마초마   (출처-Nyamachoma Festival)

필라우*Piliau*

필라우는 주말이나 기념일 등 행사가 있을 때 주로 준비하는 음식이다. 원래는 서인도에서 온 음식이지만 탄자니아 해안을 따라 아주 유명해졌다. 카춤바리라고 하는 토마토와 매운 고추, 양파를 섞어 만든 샐러드와 함께 나오기도 한다.

차파티*Chapati*

인도의 플랫 브레드나 로티와 비슷한 차파티는 이스트나 베이킹파우더를 넣지 않은 납작한 빵이다. 탄자니아 사람들은 주로 아침에 차파티와 차를 즐겨 먹는다.

만다지*Mandazi*

만다지는 스와힐리 해안에서 시작된 튀김 빵의 한 형태로 탄자니아 사람들이 즐겨 먹는 음식 중 하나이다. 가나와 나이지리아 등 서부 아프리카 나라에서는 보프로트 또는 퍼프라고도 불린다.

● 필라우(출처-Pendo la mama)

● 카춤바리(출처-africanbites.com)

● 차파티(출처-African Food Network)

● 만다지

● 필리필리(출처-nairobikitchen)

● 탄자니아의 탄산음료 광고　　(출처-Behance)

● 생강맛 탕가위지(출처-migrationology.com)

● 레몬맛 비터레몬(출처-tripadvisor.co.il)

필리필리 *Pilipili*

필리필리는 아주 작은 고추로 조금만 먹어도 입안이 화끈거릴 정도로 매운 맛을 자랑한다. 처음에는 맵다고 느낄 수 있지만 매운 음식을 좋아하는 한국인의 입맛에는 맞아 나는 밥을 먹을 때 항상 같이 먹었다.

탄자니아 사람들의 유별난 음료 사랑

커피로 유명하기 때문에 탄자니아 사람들은 커피를 제일 많이 마실 것이라고 생각하기 쉽지만 그들이 가장 많이 마시는 음료는 차이다. 보통 아침에는 차파티, 만다지와 함께 차를 마시고 늦은 저녁 식사에도 차를 곁들인다. 차만큼은 아니지만 커피도 마시는데 커피와 함께 코코넛 또는 땅콩으로 만든 간식을 곁들이기도 한다.

알코올이 들어간 탄자니아 현지 술로는 로컬 증류주인 꼬냐기와 바나나 맥주 음베게가 있다. 로컬 맥주로는 이름만 들어도 탄자니아 맥주라는 것을 알 수 있는 킬리만자로, 세렝게티, 은도부*, 사파리 등이 있다.

• 스와힐리어로 코끼리라는 뜻

탄자니아에서는 탄산음료 또한 빼놓을 수 없다. 더운 날 마셨던 시원한 탄산음료 한 잔의 청량함은 지금도 잊을 수 없는 추억으로 남아있다. 탄자니아에서는 손님을 대접하거나 행사를 할 때 다양한 탄산음료를 제공하는데 탄자니아에서 지내는 동안 평생 마실 탄산음료를 다 마신 것 같다. 탄자니아에서는 우리가 잘 아는 콜라, 사이다, 환타 외에도 생강 맛의 탕가위지, 레몬 맛의 비터레몬도 인기가 있다.

기쁨과 슬픔을
함께 나누는 경조사 문화

탄자니아의 결혼식

다양한 민족이 살고 있는 만큼 탄자니아의 결혼 관습은 민족마다 조금씩 다르다. 전통적으로는 양가의 부모가 결혼할 사람을 결정해 연을 맺어주지만 현대에 와서는 특히 도시에서는 연애나 중매를 통해 결혼하는 경우가 더 많다.

일반적으로 신랑이 신부의 가족에게 지참금을 제공해야 하는데 이는 전통 사회 문화에서 기인한 것이다. 결혼 지참금 문화는 농업, 어업, 목축을 중심으로 노동력이 중요했던 시대에 노동력을 제공하며 자녀를 낳아 후손을 잇고 민족을 번성하게 힌디는 이미에서 시작되었다. 과거에는 결혼 지참금이 주로 가축이나 의류, 지역 특산물 등 값나가는 물품이었지만 지금은 현금으로 준비하는 경우가 더 많다.

결혼을 진행하는 방식도 민족이나 종교에 따라 지참금 의식, 전통 혼례, 교회에서 예배 형태 등 다양한 형태로 진행된다. 결혼 의복으로는 턱시도와 웨딩드레스를 입거나 전통 의상을 입기도 한다.

탄자니아 결혼식에서 가장 눈여겨볼 만한 것은 턱시도, 드레스, 전통 의상 등을 똑같이 맞춰 입고 노래와 춤을 추면서 신랑과 신부에게 축하해주는 친구들이다.

탄자니아 결혼식에서 춤과 음악은 빠질 수 없는 가장 중요한 요소이다. 한 시간 내외로 짧게 끝나는 한국의 결혼식과 달리 탄자니아의 결혼식은 밤늦은 시간까지 축하 파티를 한다. 화려한 조명 아래에서 음악이 계속 흘러나와 누구든 원하면 춤을 출 수 있다. 이때 최신 유행하는 음악이나 대중적으로 잘 알려진 음악에 맞추어 하객들이 단체 군무를 하는 광경도 볼 수 있다.

탄자니아의 결혼식 현장

　사랑하는 가족이나 친구를 잃는 것은 가슴 아픈 일이다. 한
국과 마찬가지로 탄자니아에서도 장례식은 특별한 경우를 제
외하고는 3일장을 치른다.

　부고가 전해지면 이웃은 물론 고인의 친구들과 친지들이 조
문하고 조의를 표하며 부의금이나 물품을 선물한다. 고인의 가
족을 위해서 이웃이 함께 음식 준비를 하고 장례 전반에 걸쳐
일손을 거들기도 한다.

　발인을 하는 날에는 각자 믿는 종교에 따라 추모와 장례 의
식을 치른다. 발인한 후 묘지로 이동하면서부터는 관을 묻고
장례가 끝날 때까지 계속 노래를 부른다. 한 사람이 선창하면
다른 사람들이 같이 따라 부르는데 노래는 고인의 명복과 안
녕을 빌고 남겨진 가족의 평안을 비는 내용이다.

　가족과 친지, 가까운 친구만 묘지에 동행하는 한국과는 달
리 탄자니에에서는 이웃을 포함해 많은 사람이 묘지까지 함께
이동한다. 묘지에 관이 내려지면 가족들이 한 줌씩 흙을 뿌리
고 남자들이 세 번 정도 흙을 뿌린 후 관을 묻는다.

탄자니아의 장례식 현장

모든 장례 의식이 끝나면 집으로 돌아와 음식을 나누어 먹으면서 가족들을 위로한다. 가장 가까운 친척은 가족을 위로하기 위해 며칠 이상 머물기도 한다.

사회적 메시지가 담긴 천, 키텡게와 캉가

탄자니아 어디를 가도 쉽게 볼 수 있는 독특하고 화려한 패턴의 천을 키텡게 또는 캉가라고 한다.

키텡게는 사롱*과 유사한 직물로 케냐, 우간다, 탄자니아, 수단, 나이지리아, 카메룬, 가나, 세네갈, 라이베리아, 르완다, 콩고민주공화국 등 동부, 서부, 중앙 아프리카에서 생산되며 1.5~2미터의 길이에 1~1.5미터의 폭을 가지고 있다.

키텡케는 매우 다양하게 사용되는데 허리와 가슴을 감싼 여성용 긴 치마나 머리에 매는 스카프 또는 터번 등으로 활용된

• 말레이시아, 인도네시아, 스리랑카, 인도 등지에서 남녀 구분 없이 허리에 두르는 면과 명주 등을 염색한 민속 의상

● 니에레레 대통령 추모행사에 쓰인 키텡게

다. 묶는 방법과 재단 및 제작 방법에 따라 '슬링'이라고 불리는 아기띠로 사용되거나 장바구니, 에코백, 가방, 테이블보, 벽장식, 파티션, 머리띠, 밴드, 팔찌 등 다양한 제품으로 만들어진다. 말라위, 나미비아, 잠비아에서는 치텐게, 또 다른 지역에서는 이비텡게, 앙카라 등으로 불린다.

탄자니아에서는 결혼식, 장례식 등 경조사가 있을 때 한 가지 패턴의 천으로 옷을 똑같이 만들어 입기도 한다. 이는 특별한 날을 오래 기억하고자 하는 마음과 모두가 한마음으로 축하하거나 슬퍼한다는 의미를 지니고 있다.

이처럼 의미와 마음을 담는 역할을 하다 보니 키텡게는 생일이나 기념일 등 특별한 날에 선물하기 좋다. 특히 외국인이

● 다양한 패턴의 키텡게와 캉가

키텡게를 선물하는 것은 더 특별한 의미를 가질 수 있다. 키텡게는 패턴도 다양하고 활용도가 높으므로 여성뿐 아니라 남성에게 선물하기에도 좋은 선물이다.

캉가는 키텡게와 유사해 보이지만 키텡게보다 얇다. 캉가에는 패턴뿐 아니라 다양한 문구가 새겨져 있다. 탄자니아에서는 사회 풍자, 속담, 정치, 문화, 축하나 추모의 의미가 담긴 스와힐리어 단어나 문구가 주로 적혀있다.

다양한 패턴과 메시지를 담고 있는 키텡게와 캉가가 특별한 이유는 단순한 패션, 천을 넘어 사람들이 마음을 표현하고 의사소통을 위한 수단으로 사용되기 때문이다. 특히 캉가의 경우 종교나 정치적 메시지, 추모의 뜻, 민족적인 특성을 패턴에

담고 있어 더욱 특별한 의미를 지닌다.

탄자니아 친구들에게 꼭 전하고 싶은 메시지가 있거나 축복의 말을 전하고 싶을 때 캉가에 스와힐리어로 문구를 새겨 선물해보는 것은 어떨까.

스와힐리 패션 위크

키텡게와 캉가의 화려한 패턴에서 볼 수 있는 것처럼 탄자니아 사람들은 의상에 화려한 원색을 많이 사용하고 멋과 패션에도 관심이 많다. 그렇다면 탄자니아를 포함해 동부, 중앙 아프리카 나라에서 가장 트렌디한 패션 스타일은 무엇일까?

2008년부터 시작된 스와힐리 패션 위크*는 동부 및 중앙 아프리카에서 열리는 가장 큰 규모의 연례 패션쇼이다. 스와힐리어를 사용하는 나라와 그 외 지역의 패션 및 액세서리 디자이너가 자신이 직접 디자인한 제품과 의상을 선보이고 있다.

스와힐리 패션에 관심 있는 국제 패션 산업 종사자들이 참여하고 아프리카 나라들이 직접 만든 다양한 작품을 소개하는 자리인 만큼 스와힐리 패션 위크는 비즈니스의 장으로도 손색이 없다. 영국 런던에서는 아프리카 패션 위크 런던이 매년 개최될 만큼 아프리카 패션에 대한 세계적인 관심과 주목도가 점점 높아지고 있다.

• 스와힐리 패션 위크 홈페이지 https://www.swahilifashionweek.com/

탄자니아의 힙한 음악 세계

탄자니아의 대중음악, 봉고 플라바

봉고 플라바는 탄자니아 대중음악을 부르는 말로 대중교통이나 식당 등 탄자니아 어디서나 쉽게 접할 수 있다. 봉고 플라바는 1990년대 레게, 알앤비, 아프로비트, 댄스홀뿐 아니라 독특한 스타일의 타아랍과 단시 같은 탄자니아 전통 음악의 영향을 받았다. 또한 미국의 힙합, 알앤비와의 퓨전을 통해 발전한 장르로 가사는 대개 스와힐리어 또는 영어로 되어있다.

봉고 플라바라는 이름은 '봉고 플래버*Bongo Flavor*'에서 파생되었는데 봉고는 '뇌'라는 뜻을 지닌 스와힐리어 '우봉고*Ubongo*'의 복수형으로 다르에스살람을 가리키는 단어이기도 하다. 이름에서도 알 수 있듯 봉고 플라바는 다르에스살람에서 가장 먼저 시작되었다.

아프리카 대륙의 슈퍼 스타, 다이아몬드 플랫넘즈

탄자니아를 넘어 아프리카 대륙 전체에서 사랑받는 봉고 플라바를 이야기할 때 빼놓을 수 없는 슈퍼 스타가 있다. 바로 다이아몬드 플랫넘즈*Diamond Platnumz*이다. 그는 예술가, 배우, 댄서, 자선가, 사업가 등 다양한 분야에서 활동을 하고 있으며 2024년 1월 기준 유튜브 채널 구독자 수가 849만 명으로 그의 뮤직 비디오는 수천만에서 많게는 2억이 넘는 조회 수를 기록할 만큼 인기가 높다.

다이아몬드 플랫넘즈는 봉고 플라바를 중심으로 아프로비트, 힙합, 레게, 알앤비를 넘나드는 다양한 장르를 소화한다. 유럽과 미국에서도 많은 러브콜을 받으며 채널O, MTV 어워즈, 사운드씨티, 킬

● 다이아몬드 플랫넘즈

리만자로 뮤직어워드 등 많은 곳에서 상을 받은 그는 2019년 탄자니아 출신 스타로는 처음으로 고려대학교 화정체육관에서 내한 공연을 한 바 있다.

그의 음악을 한번이라도 들은 사람이라면 뮤직비디오나 공연을 본 사람이라면 그가 왜 인기가 높은지 금세 알 수 있을 것이다. 다이아몬드 플랫넘즈의 음악은 귀에 쏙쏙 들어오는 중독성 있는 멜로디와 그루브가 넘치는 멋진 퍼포먼스 등 대중적인 요소를 모두 갖추고 있다.

탄자니아 라디오쇼

봉고 플라바라는 용어는 탄자니아 최초의 민간 라디오 방송국 중 하나인 라디오 원*Radio One*에서 처음 언급되었다.

1996년 마이크 음하가마*Mike Mhagama*가 미국 음악에 영향을 받아 노래와 랩을 통해 자신을 표현하려는 젊은 탄자니아 음악인들을 소개하는 라디오 프로그램 〈라디오 디제이 쇼〉를 진행했는데, 탄자니아의 젊은 세대가 즐기고 있지만 뚜렷한 정체성을 가지지 못했던 현지 음악을 미국 알앤비 및 힙합 음악과 구별하려는 최초의 방송이었다.

이 방송에서 마이크 음하가마가 미국의 〈노 디기티*No Diggity*〉라는 알앤비 플래버 장르의 노래를 들려준 다음 연이어 나온

● 인기 절정의 봉고 플라바 가수
(왼쪽부터 난디, 하모나이즈, 로자 리, 다이아몬드 플랫넘즈)
(출처-Musicianafrica.net)

탄자니아의 유니크 시스터즈*Unique Sisters*의 노래를 '봉고 플라
바'라고 재치 있게 소개했는데 그 후 봉고 플라바라는 용어가
알려지기 시작했다.

탄자니아의 국민 밴드, 쿠바 마림바 밴드

탄자니아에서 영향력 있는 쿠바 마림바 밴드는 1948년 모
로고로 출신의 살림 압둘라*Salim Abdullah*가 만들었다. 작곡가이
지 음악가였던 그는 이 밴드 외에도 모로고로 재즈 밴드도 만

● 쿠바 마림바 밴드의 앨범
(출처-Rate Your Music)

들었다.•

　쿠바 마림바 밴드라는 이름은 동부 아프리카의 40~50대들에게 쿠바 음악에 대한 관심을 불러일으켰다. 살림 압둘라는 기타와 만돌린을 연주했으며 그가 만든 음악의 주제는 사랑의 기쁨과 고통, 삶의 지혜, 인간의 선과 악, 심지어 정치까지 폭넓게 포함하고 있다.

• 아프리카 재즈의 발상지인 모로고로는 탄자니아의 유명 음악인들을 다수 배출해낸 도시이다. 쿠바 마림바 밴드의 창립자인 살림 압둘라의 고향이며, 1960년대 중반부터 1970년대까지 탄자니아에서 가장 영향력 있고 유명한 기타리스트이자 싱어송라이터인 음바라카 음윈셰혜(Mbaraka Mwinshehe)의 고향이기도 하다.

● 모로고로

　1965년 갑작스러운 자동차 사고로 살림 압둘라가 사망할 때까지 약 20년 동안 쿠바 마림바 밴드는 탄자니아에서 가장 인기 있는 댄스 뮤직 밴드 중 하나였다. 쿠바 마림바 밴드의 인기곡 중 하나인 〈음코노 와 이드*Mkono wa Idd*〉는 이드 축하 행사 기간 동안 라디오에서 자주 나온다.

　살림 압둘라는 죽기 직전 〈하포 자마니 사나*Hapo zamani sana*〉라는 곡을 발표했는데 이 곡은 남아프리카공화국이 겪은 끔찍한 식민지 시대에 대해 노래하는 룸바 스타일의 트위스트 곡이다. 또한 〈와나와케 와 탄자니아 와주리 사나*Wanawake wa Tanzania wazuri sana*〉라는 노래를 통해 탄자니아 여성들에게 찬사를 보내

기도 했다.

갑작스러운 사고로 살림 압둘라가 죽고 난 후 쿠바 마림바 밴드는 새 멤버를 영입했지만 밴드의 인기는 점점 사라졌다.

탄자니아의 문학

탄자니아의 첫 번째 노벨 문학상

스웨덴 한림원은 2021년 10월 7일 기자 회견을 열어 식민주의와 난민 경험에 천착한 압둘라자크 구르나_Abdulrazak Gurnah_를 올해의 노벨 문학상 수상자로 선정했다고 발표했다. 한림원은 "식민주의의 영향과 문화 및 대륙 사이의 격차 속에서도 난민의 운명에 대해 타협하지 않고 연민을 가지고 파고든 공로"라며 그의 수상 이유를 밝혔다.

그간 노벨 문학상은 유럽의 백인 남성 작가에게 많이 돌아갔다. 아프리카 출신의 노벨 문학상 수상자는 2003년에 처음 나왔는데 네덜란드계 백인의 후손인 남아프리카공화국의 소

● 압둘라자크 구르나

설가 존 맥스웰 쿳시*John Maxwell Coetzee*가 그 주인공이다. 아프리카 출신의 백인이 아닌 작가가 노벨 문학상을 받은 것은 1986년 나이지리아의 월레 소잉카*Wole Soyinka* 이후 35년 만으로 압둘라자크 구르나의 노벨 문학상 수상은 그 의미가 더욱 특별하다.

난민 출신 문학가 압둘라자크 구르나

압둘라자크 구르나는 1948년 12월 20일 잔지바르에서 태어났다. 1964년에 발생한 잔지바르 혁명으로 아랍계 사람들이 박해를 받았는데 그가 속한 민족 집단 또한 그 혁명으로 피해를 입었다. 압둘라자크 구루나는 열여덟 살에 가족을 떠나 영국에서 난민으로 살다가 1984년 아버지의 임종을 앞두고 잠시 잔지바르로 돌아갈 수 있었다.

영국에서 계속 공부한 그는 처음에는 런던대학교에서 학위를 수여해주던 켄터베리 크라이스트처치대학교에서 학사 학위를 취득했고 이후 켄트대학교에서 논문 〈서아프리카 소설

● 압둘라자크 구르나의 대표작

비평에 대한 기준Criteria in the Criticism of West African Fiction〉으로 박사 학위를 취득했다.

1980년부터 1983년까지는 나이지리아에 위치한 바예로대학교 카노Bayero University Kano에서 강의를 했고, 켄트대학교에서 영어 및 탈식민주의 문학 교수로 재직하다가 2017년에 은퇴했다. 현재는 명예 교수로 재직하고 있다.

압둘라자크 구르나의 작품 세계

압둘라자크 구르나는 식민주의 시대 작가들에 대한 내용을 담은《아프리카 글쓰기에 관한 에세이 *Essays on Afican Writing*》를 편집해 출간했으며, 1984년에는 첫 단편집《새장 *Cage*》을, 1987년에는 첫 장편 소설《출발의 기억 *Memory of Departure*》을 출간했다. 1994년에 출간한 그의 대표작《낙원 *Paradise*》은 가상의 도시 '카와'에서 태어난 유수프라는 소년의 이야기를 담은 역사 소설로 부커상 최종 후보에 오르기도 했다.

그의 작품들은 비평가들에게 긍정적인 평가를 얻고 있지만 상업적인 면에서는 그다지 성공하지 못했다. 반가운 소식으로 그간 영어로만 소개되었던 그의 소설이 한국어로 번역되어《낙원》,《그후의 삶》,《바닷가에서》,《배반》 등의 작품을 국내에서도 만나볼 수 있다는 것이다. 노벨상을 계기로 그동안 저평가되었던 탄자니아와 동부 아프리카 출신의 작가와 그들의 작품이 전 세계에 널리 알려져 한국에서도 폭넓게 만나볼 수 있기를 기대한다.

탄자니아 그림 양식, 팅가팅가

팅가팅가는 에드워드 사이디 팅가팅가_Edward Saidi Tingatinga_에 의해 시작된 탄자니아의 대표적인 그림 양식으로 동물이나 꽃과 같이 다채롭고 반복적인 디자인을 캔버스에 그린 후 에나멜페인트를 사용하여 완성한다.

팅가팅가의 창시자, 에드워드 사이디 팅가팅가

에드워드 사이디 팅가팅가는 1932년 탄자니아 남부 지역에 있는 나모 첼리아라는 마을에서 태어났다. 그의 어머니는 마쿠아 민족으로 기독교인이었고, 아버지는 응긴도 민족으로 무슬

● 에드워드 사이디 팅가팅가
(출처-Tanzanian Fine art)

림이었는데 이런 부모의 영향으로 기독교식 이름(에드워드)과 이슬람식 이름(사이디)을 모두 가지게 되었다.

에드워드 사이디 팅가팅가가 태어났을 당시에는 집안 형편이 어려웠고, 어린 시절 부모가 결별해 대부분의 시간을 어머니의 가족들과 함께 보냈다.

1950년대 즈음 에드워드 사이디 팅가팅가는 탄자니아 북쪽 탕가 지역에 있는 농장에서 일하기 위해 고향을 떠났다. 이후 다르에스살람에서 영국 관료의 요리사로 일하던 삼촌이 그를 영국 관료의 집으로 초대하면서 운 좋게 정원사로 고용되었고 이때부터 그는 음악가와 미술 작가로서의 실험을 시작했다.

처음에는 세라믹 파편, 자전거 페인트 같은 재활용품과 저렴한 재료를 사용하여 작품을 제작했다. 그의 스타일은 초현실적이고 유머 감각이 있으며 순수했다. 또한 그가 만든 대부분의 작품은 아프리카를 상징하는 야생 동물이나 사바나 풍경 같은 것들이었다.

1970년에 모잠비크 마콘데 출신의 아가타 마타카*Agata Mataka*와 결혼한 에드워드 사이디 팅가팅가는 작품 활동에 더욱 매진했다. 그 결과 그의 작품은 관광객들과 아프리카에 거주하는 유럽인들 사이에서 유명해졌고 덕분에 전임 예술가로 활동할 수 있었다.

이후 그를 따르는 견습생 및 추종자들과 함께 팅가팅가예술가협동조합*TACS, Tingatinga Art Co-operative Society*을 설립했는데 협회 회원 중 일부가 에드워드 사이디 팅가팅가와 아내의 친척인 마쿠아 또는 마콘데 사람들이었다. 조카 오마리 아몬데*Omari Amonde*는 에드워드 사이디 팅가팅가의 첫 번째 제자로 오랫동안 활동했다.

활발하게 작품 활동을 하던 에드워드 사이디 팅가팅가는 그를 범죄자로 착각한 경찰관에 의해 1972년 안타깝게 죽음을 맞이했다. 하지만 팅가팅가예술가협동조합의 활동은 계속 이어졌고 규모도 점점 더 커졌다.

에드워드 사이디 팅가팅가의 추종자들과 그의 작품을 모방하는 작가들에 의해 팅가팅가 스타일은 점차 탄자니아, 케냐 및 동부 아프리카의 많은 지역뿐 아니라 전 세계적으로 유명해져 많은 관광객이 찾는 그림이 되었다.

아버지의 화풍을 이어간 다우디 팅가팅가

팅가팅가 스타일은 아프리카 회화 장르의 한 흐름이 되었지만 가장 수혜를 받아야 할 그 가족들의 삶은 그리 여유롭지 않았다.

불의의 사고로 목숨을 잃은 에드워드 사이디 팅가팅가에게는 다우디 팅가팅가*Daudi Tingatinga*라는 아들이 하나 있었다. 다우디 팅가팅가가 갓난아이였을 때 에드워드 사이디 팅가팅가는 세상을 떠났고 그 후 가족들은 궁핍한 생활로 오랜 기간 고통을 받았다. 이런 환경 속에서 다우디 팅가팅가는 제대로 된 교육조차 받지 못했다.

하지만 팅가팅가 화가 음제 루뭄바*Mzee Lumumba*가 다우디 팅가팅가를 찾아내 그에게 팅가팅가 그리는 방법을 전수했다. 이후 다우디 팅가팅가는 팅가팅가아티스트협회의 대표 원조 캐릭터를 그리는 화가로 팅가팅가 화풍을 이어나가고 있다.

팅가팅가 그림은 인터넷에서도 쉽게 검색해서 찾아볼 수 있지만 실제로 보면 훨씬 더 생생한 색감과 화풍을 느낄 수 있다.

● 팅가팅가 스타일의 그림

탄자니아의 국민 게임, 바오

바오 *Bao* 는 '보드' 또는 '보드게임'을 뜻하는 스와힐리어로, 탄자니아와 케냐 사람들에게 가장 인기 있는 전통 보드게임이다. 잔지바르에서는 바오 마스터가 사회적으로 존경을 받는다.

복잡하고 전략적 깊이로 유명한 바오 게임은 게임 이론, 복잡성 이론, 심리학 등 여러 분야의 학자들에게 관심을 불러일으키고 있다. 공식 토너먼트는 탄자니아, 잔지바르, 라무(케냐) 및 말라위에서 개최되며 탄자니아 본토와 잔지바르에서는 1966년 창립된 차마 차 바오 *Chama cha Bao* 와 같은 바오협회가 있다.

바오 게임의 두 가지 버전

바오 게임에는 두 가지 버전이 있는데 가장 복잡하고 높게 평가되는 스와힐리어식 바오와 일반인들도 쉽게 할 수 있도록 단순화된 버전의 바오이다. 시작하는 사람들을 위한 바오 게임은 우리나라에서도 쉽게 구할 수 있다.

바오 게임하는 법

1. 그림과 같이 구슬을 동그란 통에 넣어줍니다. 앞줄 여섯 개의 홈과 오른쪽 바오 통이 본인의 구역입니다.

2. 순서를 정하고, 자신의 구역 중에서 한 홈에 있는 구슬들을 모두 가지고, 한 개씩 오른쪽 방향으로 옮깁니다. (단, 상대방 바오 통에는 구슬을 넣을 수 없습니다.)

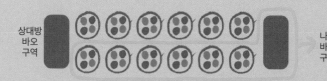

3. 마지막 구슬이 본인의 바오 통에 들어가면 한 번 더 구슬을 옮길 수 있는 찬스를 얻게 됩니다.

4. 마지막 구슬이 비어있는 본인의 홈에 들어가면 마주보고 있는 상대방 구슬을 뺏을 수 있습니다.

5. 여섯 개 홈 안에 더 이상 구슬이 없으면 게임은 종료됩니다.

6. 각자의 바오 통에 있는 구슬을 세어 많은 사람이 승리합니다.

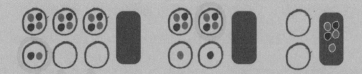

함께 생각하고 토론하기

각종 미디어에서 볼 수 있는 아프리카 민족 집단의 문화는 주로 전통적이고 원시적인 부분만 부각되어 나타납니다. 그로 인해 우리는 아프리카를 문화가 발전되지 않았고 원시적인 풍습만 가지고 있는 곳으로 오해하기도 합니다.

그러나 아프리카에 있는 55개의 나라는 각 나라마다 그리고 민족 집단에 따라 서로 다른 문화와 풍습을 가지고 있습니다.

탄자니아만 하더라도 그들만의 다양하고 독특한 문화와 풍습이 있다는 것을 살펴보았습니다. 이를 통해 우리는 아프리카 나라들의 문화와 풍습을 한 가지로 정의내리면 안 된다는 것을 알게 되었습니다.

● 탄자니아와 한국의 비슷한 문화와 풍습은 어떤 것이 있나요? 또 전혀 다른 문화와 풍습도 찾아보고, 왜 이렇게 문화와 풍습이 다른지 이야기를 나누어봅시다.

5부

여기를 가면
탄자니아가 보인다

뜻이 있는 곳에 길이 있다.

아프리카에서 가장 높은 킬리만자로산

빛나는 하얀 산, 킬리만자로산

아프리카의 지붕으로 불리는 킬리만자로산은 해발 5,895미터로 아프리카 대륙에서 가장 높다. 세계 각 대륙에 있는 가장 높은 산 중 에베레스트(8,848미터), 아콩카구아(6,959미터), 데날리(6,194미터)에 이어 네 번째로 높은 산이며 독립적으로 서 있는 산 중에는 세계에서 가장 높다.

킬리만자로산은 높이에 따라 사막, 고산 습지대, 고지 초원, 초원, 열대 우림이 나타나며 세 개의 주요 화산 봉우리인 키보, 마웬지, 시라가 있다.

킬리만자로산은 20세기 초에 독일의 보호령에 있다가 탄자

● 구름 위로 우뚝 솟은 킬리만자로산의 봉우리

니아가 독립한 이후 국립 공원으로 지정되었으며, 1987년에는 세계 문화유산으로 등록되었다. 식민 지배 이전에 차가 사람들은 킬리만자로산을 하나님이 살아계시는 산이라는 의미의 '킬리마키아'라고 불렀는데 식민 지배 이후에 '킬리만자로'로 바뀌었다. 킬리만자로라는 이름은 스와힐리어로 '빛나는 산' 또는 '하얀 산'이라는 뜻을 가지고 있다.

북부 탄자니아의 완만한 언덕과 고원 지대에서 구름 위로 우뚝 솟아 있는 눈 덮인 봉우리를 볼 수 있는데 이것이 바로 킬리만자로산의 반짝이는 경사면과 빙하이다. 하지만 기후변화로 인해 빙하가 점점 줄어들고 있다.

킬리만자로산 정상에 있는 만년설과 빙벽은 약 1만 년 넘게 유지되어왔는데 2013년에 발표된 연구에 의하면 1912년 10월부터 2011년 6월 사이에 85퍼센트의 만년설이 사라졌다. 일부 과학자들은 2030년이 되면 킬리만자로의 만년설이 완전히 사라질 것이라고 예측했다.

모시라는 도시 근교에 위치해 있는 킬리만자로산은 보호 지역으로 지정되어있어 등산객들이 산을 오염시키지 않고 아름다움을 즐길 수 있도록 규제하고 있다.

동부 아프리카의 매력을 보여주는 상징적인 장소

킬리만자로산의 생태계는 놀라울 정도로 다양하다. 산을 올라가다 보면 고도에 따라 여러 동식물을 만날 수 있다. 신기하게 생긴 꽃들과 수백년 된 고목들, 마치 파도치듯 잎이 넘실거리는 양치류 식물을 지나 계속 위로 올라가다 보면 모양새도 생소하고 거대한 희귀 식물인 세네시오 킬리만자리가 비죽비죽 솟아있는 광경을 볼 수 있다.

킬리만자로산 등반 코스는 탄자니아 관광의 하이라이트이다. 매년 많은 관광객이 이 산을 등반하기 위해 탄자니아를 찾는다. 특히 아프리카 대륙에서 가장 높은 지점인 우후루 피크(5,895미터)가 있는 키보 분화구의 가장자리를 걷는 경험은 매

● 아프리카 지붕에서의 하이킹   (출처-Tanzania Tourist Board)

우 특별하다.

  왼쪽 아래를 내려다보면 구름이 아프리카 대륙을 덮고 있고
오른쪽 아래에는 화산 폭발의 분화구와 느닷없이 홀로 우뚝 솟
아있는 빙벽이 있다. 이 광경과 함께 우후루 피크로 발걸음을
옮기는 그 시간은 평생 잊지 못할 것이다. 이 특별한 경험을 위
해 노련한 등산인부터 처음 높은 산에 도전하는 사람까지 수
많은 사람이 킬리만자로산을 오르고 있다.

  '빛의 산', '위대함의 산'으로 불리기도 하는 킬리만자로산
은 '구름 속에 숨겨진 신비'라는 뜻도 가지고 있다. 어떤 이름
으로 불리든, 어떤 의미를 가지고 있든 킬리만자로산이 동부
아프리카의 아름다움과 매력을 보여주는 상징적인 장소라는
점은 틀림없다.

킬리만자로 마라톤대회●

킬리만자로산이 있는 모시 지역에서는 관광을 활성화시키기 위해 2002년부터 킬리만자로 마라톤대회(줄여서 '킬리마라톤'이라고 부르기도 한다)를 개최하고 있다. 매년 2월 말 또는 3월 초에 열리는 이 대회는 마라톤에 참여한 후 킬리만자로산을 오르거나 국립 공원에서 사파리를 할 수 있기 때문에 스포츠 마니아들 사이에서 인기가 높다.

이 대회는 킬리만자로산이 눈에 보이는 거리에서 맑은 공기를 마시며 뛸 수 있는 터라 내국인은 물론 외국인에게도 많은 인기를 얻고 있다.

매년 약 40여 개 나라에서 마라토너들이 참여하고 있으며 지금까지 누적 총 12,000명에 가까운 사람들이 대회에 공식 참가했다. 킬리만자로 마라톤대회는 단순한 스포츠 행사를 넘어 지역 사회의 경제 발전에도 도움을 주고 있다.

● 킬리만자로 마라톤대회 홈페이지 www.kilimanjaromarathon.com

메루산

● 성층 화산인 메루산

메루산은 탄자니아에서 두 번째로 높은 산[*]이자 아프리카에서 다섯 번째로 높은 산이다. 킬리만자로산에서 서쪽으로 70킬로미터 떨어진 곳에 위치한 성층 화산이며 높이는 약 4,562미터로 맑은 날에는 킬리만자로산에서도 볼 수 있다.

메루산은 약 8,000년 전 일어났던 화산 폭발로 인해 산의 많은 부분이 손실되었고, 1910년에도 작은 화산 폭발이 있었다. 산 주변으로 보이는 작은 원불과 분화구는 아직도 화산 활동이 일어나고 있다는 것을 보여준다. 아루샤 국립 공원의 중심인 메루산에는 400여 종의 새와 원숭이, 표범 등을 포함한 야생 동물이 살고 있다.

● 이 책에서는 키보, 마웬지, 시라를 킬리만자로산에 속하는 것으로 기술했다.

아프리카 대호

탄자니아에는 아프리카 대호에 속하는 빅토리아 호수, 탕가니카 호수, 냐사 호수가 있다. 이 세 호수의 총면적은 6만 1,500제곱킬로미터이며 국가 표면적의 6퍼센트에 해당한다.

이 중 빅토리아 호수는 담수호*로 아프리카 중부에 위치해 있으며 면적으로 비교하면 아프리카에서 가장 크고 세계에서는 3위를 차지할 만큼 거대하다. 한반도 면적의 3분의 1 정도라서 빅토리아 호수를 처음 방문한 사람들은 바다라고 느낄 만큼 크기가 엄청나다. 그러나 면적에 비해 평균 수심은 40미터, 최고 수심은 83미터 정도로 깊이는 얕다.

● 호수의 총염분 함유량이 1리터 중에 500밀리그램 이히인 호수

● 빅토리아 호수는 탄자니아,
우간다, 케냐의 국경을 접하고 있다.

이 호수는 1858년 나일강의 원류를 찾던 영국 탐험가 존 해닝 스피크가 발견했고 영국의 빅토리아 여왕을 기리기 위해 '빅토리아'로 이름 붙였다고 한다.

빅토리아 호수는 탄자니아, 우간다, 케냐의 국경에 걸쳐있어 다르에스살람 항구를 통해서 도착하는 화물과 수입품들은 빅토리아 호수를 이용하면 이동 거리와 시간을 절약할 수 있다. 이러한 이점 때문에 빅토리아 호수에서는 배를 활용한 무역 활동이 활발하게 일어나고 있다. 참고로 빅토리아 호수는 호수 북쪽 해안에 있는 우간다 진자 근처의 나일강[●]에 의해서만 배수가 이루어진다.

탕가니카 호수는 세계에서 두 번째로 깊은 호수로 약 1,000만 년 전에 형성되었다. 최대 수심은 1,435미터에 달한다. 탄자니아, 콩고민주공화국, 부룬디, 잠비아 네 나라와 국경이 접해있어 빅토리아 호수에서처럼 무역 활동이 활발하게 일어나고 있다. 세계에서 가장 오래 운행된 페리 중 하나인 MV 리엠

● 나일강은 이집트에서 탄자니아까지 이어져 있다.

● 빅토리아 호수　　　　　　　　　　　　　　　　(출처-ancestortraveltour.com)

● 탕가니카 호수　　　　　　　　　　　　　　　　　　(출처-The Citizen)

● 냐사 호수   (출처-Livetsresa ltd)

바가 20세기 초부터 운행을 시작한 곳 또한 탕가니카 호수이다.

냐사 호수는 약 200만 년 전 형성된 것으로 다른 호수에 비해서 젊은 편이다. 냐사 호수 또한 여러 나라와 국경이 닿아 있어 나라마다 다른 이름으로 불리는데 말라위에서는 말라위 호수, 모잠비크에서는 니아사 호수로 불린다. 세 나라의 국경에 걸쳐있다 보니 이 호수에 대한 영유권 분쟁이 발생하기도 했다.

붉은 알칼리층으로 유명한 나트론 호수는 1,040제곱킬로미터 크기로 염분이 높은 소다호*이다. 탄자니아 북부에 위치해

● 물속에 나트륨 함량이 높은 호수

● 올 도이뇨 렝가이 화산 (출처-deepcarbon.net)

있어 아루샤와 가깝다. 호수의 남쪽 끝부분에는 올 도이뇨 렝가이*Ol Doinyo Lengai*라는 활화산이 있는데 마사이어로 '신의 산'이라는 뜻이다. 이 산은 2007년에 폭발한 적이 있다.

470제곱킬로미터 크기의 마냐라 호수는 탄자니아에서 일곱 번째로 큰 호수로 동부 아프리카 지구대에 위치한 얕은 알카리성 호수이다. 작가 어니스트 헤밍웨이*Ernest Hemingway*는 이 호수를 보고 "아프리카에서 본 장소 중 가장 사랑스럽다."라며 극찬을 아끼지 않았다. 마냐라 호수는 마냐라 국립 공원의 많은 부분을 차지하고 있는데 우기가 되면 공원의 3분의 2 정도가 물에 잠기지만 건기에는 수심이 얕아져 호수의 면적이 크게 줄어든다.

● 마냐라 호수의 홍학　　　　　　　　　　　　　　　(출처-kuwa-huru.com)

　　마냐라 호수에는 400종 이상의 새가 살고 있고 특히 4~5월
에는 수백, 수천 마리의 홍학 떼가 찾아와 핑크색 경관을 볼 수
있다. 마랴나라는 호수의 이름은 가정의 농가를 둘러싼 뾰족한
보호용 울타리를 뜻하는 마사이어 '에마냐라'에서 유래한 것으
로 추정하고 있다.

야생 동물의 천국, 세렝게티 국립 공원

탄자니아 서부와 케냐 남서부에 걸쳐있는 세렝게티 국립 공원은 크기만 해도 대한민국의 약 6분의 1인 약 1만 5,000제곱킬로미터이고, 세렝게티 생태계를 모두 합치면 3만 제곱킬로미터가 넘는다. 30여 종의 초식 동물과 70여 종의 포유류, 500여 종의 조류가 이 지역에서 살고 있다.

1952년에 세워진 세렝게티 국립 공원은 자연의 아름다움과 과학적 가치로 볼 때 비교할 만한 대상이 없을 정도로 우수한 곳이다. 세계에서 가장 잘 알려진 야생 동물 보호 구역이자 아프리카 대륙에서 가장 넓은 평원 중 하나이다.

세렝게티 국립 공원에는 사자, 표범, 코끼리, 기린, 각종 조류를 포함한 많은 종류의 동물이 살고 있다. 특히 얼룩말과 누

떼의 대이주를 관찰할 수 있는 곳으로 유명하다. 매일 수백 대의 차량이 광활한 야생 경관과 동물들을 보기 위해 공원 안을 누비고 있으며, 방문객들을 위한 호화로운 호텔, 작은 캠핑장과 같은 다양한 숙박 시설도 갖추고 있다.

세렝게티 국립 공원은 크게 세 지역으로 나뉜다.

첫 번째 지역은 사람들에게 가장 인기가 많은 남부와 중앙 부분으로 마사이 민족이 끝없는 평야의 땅 '세렝기트'라고 부르는 곳이다. 아카시아 나무가 곳곳에 있고 야생 생물로 가득 찬 열대 초원을 경험할 수 있다.

두 번째 지역인 서쪽은 그루메티강이 있으며 울창한 숲을 만날 수 있는 곳이다.

마지막 세 번째 지역은 북부의 로보 지역으로 케냐의 마사이 마라 보호 구역과 접해있으며 사람들이 가장 적게 방문하는 지역이다.

1981년 유네스코 세계 자연유산으로 지정된 세렝게티 국립 공원은 수많은 영화 제작자와 사진작가, 과학자들에게 인기가 높다. 예술가나 과학자들은 세렝게티의 독특한 생태계에서 얻은 영감을 바탕으로 창작물을 만들곤 한다. 어니스트 헤밍웨이는 탄자니아와 케냐의 국립 공원을 여행하면서 "손을 뻗어 잡고 싶지만 사라지는 것을 지켜볼 수밖에 없는 꿈"이라고 표현한 바 있다.

세렝게티 국립 공원이 무엇보다 특별한 이유는 지구상에서

● 세렝게티의 대자연

● 얼룩말과 누 떼들의 이동　　　　　　　　(출처-Tanzaniatourism.go.tz)

가장 오래된 생태계 중 하나이기 때문이다. 지난 수백만 년 동안 이곳의 기후와 동식물의 모습은 거의 변하지 않았다. 올두바이 협곡에서는 200만 년 전 등장한 인류의 기원도 발견할 수 있다.

동서남북 어디를 보아도 끝이 안 보일 만큼 광활하게 펼쳐진 대자연 속 생태계를 통해 자연의 경이로움을 느낄 수 있고, TV에서만 보던 많은 동물을 실제로 볼 수 있다. 밤에는 헤아릴 수 없는 무수한 별을 만날 수 있다. 세렝게티는 처음 만난 사람들과 속 깊은 이야기를 나누게 만들고 여러 상상과 꿈에 잠기도록 우리를 이끈다.

세렝게티가 전 세계적으로 유명해진 이유 중 하나는 동물들이 대이주하는 장관 때문이다. 매년 4~5월 건기가 시작될 때면 누 떼가 풀을 찾아 응고롱고로와 세렝게티 동남부에서 시계 방향으로 북쪽인 케냐 마사이 마라를 향해 이동을 시작한다. 그리고 10~11월 북쪽에 건기가 찾아오면 200만 마리 이상의 얼룩말과 누 떼, 영양이 다시 남쪽으로 내려오는 장관을 볼 수 있다.

이시밀라 석기 시대 유적과
응고롱고로 분화구

이시밀라 석기 시대 유적

세렝게티, 킬리만자로산과 같은 유명 관광지에 비해 상대적으로 알려져 있지는 않지만 탄자니아에서 놓치면 안 되는 곳이 있다. 바로 이링가에 있는 '이시밀라 석기 시대 유적'이다.

탄자니아 중부에 위치한 이링가는 요새를 의미하는 혜혜 민족의 단어 '리링가*lilinga*'에서 파생되었다. 30만 년 전의 것으로 추정되는 동물의 뼈와 해골을 비롯해 석기 시대 도구들이 발견된 이 유적지에서 우리는 토양이 침식되어 형성된 붉은 기둥만으로 이루어진 멋진 풍경을 볼 수 있다.

● 이시밀라 석기 시대 유적 　　　　　　　　　　(출처-nyalupala safaris)

　　1950년대에 처음 발견된 이 유적지에서 도구가 발굴되었는데 6만~10만 년 사이에 사용되었던 것으로 추정된다. 오래전 인간이 거주했던 흔적을 볼 수 있어 고고학자들은 지금까지 발견된 석기 시대 유적 중 가장 중요한 곳으로 뽑고 있다.

　　사진으로도 볼 수 있지만 직접 보는 돌기둥의 웅장함은 아프리카 대륙이 가진 오랜 역사의 흔적을 느끼기에 충분하다.

세계 8대 불가사의, 응고롱고로 분화구

응고롱고로 분화구는 세계에서 가장 크고 손상되지 않은 화산 칼데라*로 깊이 600미터, 너비 20킬로미터, 넓이 약 265제곱킬로미터에 이르는 사발 모양의 분화구이며 화구연의 높이는 2,200미터가 넘는다.

응고롱고로 분화구의 화구연 주변에는 1년 내내 구름이 매달려있으며 밤에는 날씨가 쌀쌀하다. 아프리카 대륙에서 야생 생물의 밀도가 가장 높은 곳이기도 한 이곳에는 누 떼 수천 마

● 응고롱고로 분화구

● 강한 폭발로 화산의 분화구 주변이 무너지면서 생긴 분지 형태의 화산 지형

리, 얼룩말, 코끼리, 사자 등을 비롯한 동물 50여 종, 타조에서 오리까지 조류 200여 종이 서식하고 있다.

특이한 점은 세렝게티에 사는 동물들과 달리 이곳에 사는 동물들은 다른 곳으로 이동하지 않고 1년 내내 분화구 안에서 삶의 터전을 이루고 살아간다는 것이다. 그래서 많은 야생 동물을 가까이에서 관찰할 수 있는 장점을 가지고 있다.

이런 특징으로 인해 응고롱고로 분화구는 세계 8대 불가사의로 불린다. 특별한 지형과 아름다운 경관으로 세계적인 명성을 얻은 응고롱고로 분화구에는 매년 유명 인사들이 방문하고 있다.

킬와, 스와힐리 문화의 황금 시대를 이끈 도시

서기 1000년 경 탄자니아 동부 해안 지역에 자리 잡은 스와힐리 도시에서는 인도양을 통해 들어오는 아랍인과 인도인, 중국인들과 잦은 왕래가 이루어졌으며 아프리카 내륙 지역과도 무역이 활발히 이루어졌다.

그중 킬와 키시와니라는 항구 도시는 9~19세기까지 번성했는데 일부 학자의 말에 따르면 1200~1500년에는 스와힐리 문화의 황금 시대라고 여겨질 만큼 부강했던 곳이었다고 한다. 13~16세기에 걸쳐 킬와의 상인들은 금, 은, 진주, 향수, 아라비아 그릇, 페르시아 도기 및 중국 자기 등을 취급했으며 인도양 무역 대부분이 이들의 손을 거쳐 이루어졌다.

모로코 출신 여행가인 이븐 바투타는 1331~1332년까지 이

● 킬와의 대모스크 (출처-UNESCO)

곳에 머물면서 킬와를 세계에서 가장 아름다운 도시 중 한 곳이라고 묘사하기도 했다. 1498년 아프리카 대호 연안에 처음 도착한 포르투갈 탐험가 바스코 다 가마 또한 킬와의 매력에 빠져 32일 동안 머물렀으며 아프리카를 다시 방문한 1502년에도 킬와를 찾았다고 한다.

10세기에 처음 만들어진 것으로 보이는 킬와의 대모스크는 동부 아프리카 해안에서 가장 오래된 이슬람 사원 중 하나이며 안뜰이 없는 최초의 모스크이다. 북쪽에 있는 기도 홀은 11세기 또는 12세기로 추정되는 건축 양식으로 지어졌는데 처음에는 산호로 조각되었지만 후에 목재로 대체되었다.

14세기 초 당시 킬와를 다스리던 술탄 알 하산 이븐 술라이만*al-Hassan ibn Sulaiman*에 의해 세워진 후수니 쿠봐 궁전은 커다란 팔각형의 목욕 풀로 유명하다. 이 궁전의 동쪽 부분은 빗물에 기반이 쓸리면서 손상이 심해졌고, 특히 절벽의 가장자리에 남아있는 구조물이 붕괴 위험에 처해 있다. 절벽에 뿌리를 내리고 있는 식물들이 절벽 자체의 침식을 늦추고 있지만 동시에 그 뿌리가 벽돌을 파고들어 구조물을 손상시키고 있는 것이다.

세계기념물기금은 2008년부터 심각한 위험에 놓인 100개의 목록에 킬와의 유산들을 포함시켰고 2008년부터 다양한 보존 작업을 지원하고 있다.

킬와 키와시니와 송고 음나라에 있는 세계 문화유산

킬와 키와시니
대모스크(사원), 게레자(킬와 요새), 작은 돔형 모스크(사원), 마쿠타니, 위대한 집, 말란디 모스키와 집, 포르티코의 집, 킬와 술탄의 묘지, 지도자 40인의 묘지, 후수니 쿠봐, 후수니 은도고

송고 음나라
5개의 모스크, 궁전 단지, 산호석과 목재로 지어진 주택 33채

아픈 역사를 간직하고 있는
바가모요 유적지

다르에스살람 중심지에서 북쪽으로 약 두 시간 거리에 떨어진 곳에 위치한 바가모요Bagamoyo는 18세기 말 독일령 동부 아프리카의 수도로 세워졌고 현재는 유네스코 세계 문화유산으로 지정되어있다.

바가모요는 이름 자체에 아픈 역사가 담겨있다. 과거 노예 무역이 활발하게 이루어질 때 탄자니아 내륙 지역에서 잡혀온 노예들은 바가모요에 집결한 다음 배를 타고 잔지바르의 노예 시장을 통해 각지로 팔려나갔는데, 이곳에 도착하면 다시 돌아갈 수 없다는 것이 확실해지기 때문에 집으로 돌아갈 희망을 포기하고 마음을 내려놓는다는 의미에서 '바가모요'라는 이름이 지어졌다. 스와힐리어의 바가Baga는 '내려놓다', 모요Moyo는 '마음'이라는 뜻이다.

스와힐리 문화가 지배적이긴 하지만 바가모요에는 아랍계 출신을 포함하여 여러 소수 민족이 살고 있어 다양한 문화가 공존하고 있다. 다르에스살람과 가깝기 때문에 많은 사람이 이곳을 방문하기도 한다.

탄자니아 자원관광부 산하의 유물국은 바가모요와 그 주변에 있는 노예 무역 시대의 역사적 유적을 보존하고 지역 사회 발전 과정에 역사와 문화가 잘 어우러지도록 노력하고 있다.

바가모요 예술대학교

탄자니아에서 유명한 예술대학교로 전통 탄자니아 회화, 조각, 드라마, 춤, 북을 가르치는 곳으로 유명하다. 2007년에는 이 대학교를 기반으로 바가모요 예술문화협회가 설립되었다.

● 바가모요 예술대학교   (출처-Tasubatheatre)

잔지바르의 과거를
볼 수 있는 유적지들

잔지바르는 다양한 문화가 융합되어있는 곳으로 과거 오만 술탄국의 옛 수도였던 스톤타운의 옛 모습이 잘 보존되어있다. 90퍼센트 이상의 인구가 이슬람교를 믿는 무슬림 사회이며 수많은 역사적, 문화적 유적지가 있다.

잔지바르는 휴양지로도 명성이 높지만 과거 노예 무역으로 고통 받았던 슬픈 역사를 가지고 있다. 노예 무역의 역사를 기억하기 위해 앵글리칸 대성당*Anglican Cathedral*에는 노예 동상이 세워져 있다.

베이트 엘 아자이브 *Beit-El-Ajaib*

베이트 엘 아자이브는 스톤타운에서 가장 유명한 명소로 '경이의 집'이라고도 불린다. 1883년에 지어진 이 건물은 1896년에 발생한 영국-잔지바르 전쟁 이후에 복원되었다.

베이트 엘 아자이브는 잔지바르에서 최초로 전기를 사용했을 뿐 아니라 동부 아프리카에서 첫 번째로 엘리베이터가 있었던 건물이기도 하다. 건물 내부는 2000년 잔지바르 국립 박물관에 헌정되었다.

성 요셉 성당 *St. Josephs Cathedral*

로마 가톨릭 성당인 성 요셉 성당은 1893~1897년 프랑스 선교사에 의해 세워졌다. 건물의 디자인은 마르세유 성당의 건축물을 기반으로 했다.

두 개의 첨탑이 있는 이 성당의 외벽은 스톤타운에서도 유명하다. 잔지바르에 가까워지면 먼 거리에서 성당의 첨탑을 볼 수 있다. 지금도 일요일마다 정기적으로 예배가 열린다.

● 베이트 엘 아자이브

● 성 요셉 성당

● 올드 포트

이스나시리 진료소 *Ithnashiri Dispensary*

이스나시리 진료소는 부유한 인도 상인이 1887~1894년에 건립한 후 가난한 사람들을 위한 자선 병원으로 사용했다. 스톤타운에서 가장 수려한 건물 중 하나이며 커다란 조각으로 이루어진 목조 발코니, 스테인드글라스 창문, 화려한 벽토 장식물이 있다. 1970년대와 1980년대에 붕괴되었지만 다시 복원되었다.

올드 포트 *Old Fort*

오만 술탄국 통치 초기인 17세기에 유럽의 침략에서 도시를 보호하기 위해 돌로 세운 요새이다. 이후에는 교도소와 군인 막사로 사용되었다. 20세기 초 부부부 마을과 스톤타운을 연결하는 공사가 진행되는 동안에는 창고로 활용되기도 했다.

올드 포트의 모양은 정사각형이며 내부 안뜰에는 작은 경기장이 있는데 지금은 관광 상품을 판매하는 여러 상점이 들어서 있다. 워크숍 및 무용, 음악과 같은 라이브 공연이 매일 열리며, 잔지바르 국제 영화제 *ZIFF, Zanzibar International Film Festival*도 개최되었다.

함께 생각하고 토론하기

우리는 아프리카를 항상 덥고 동물이 뛰어다니는 밀림 혹은 사파리라고 생각하는 경우가 많습니다.
혹시 여러분도 탄자니아에 대해 이처럼 막연하고 추상적인 이미지를 떠올리고 있지는 않았나요? 탄자니아가 뛰어난 자연 경관과 관광 자원을 가지고 있는 것은 사실이지만 이것을 잘못 이해하면 발전 혹은 개발이 전혀 되지 않고 원초적인 대자연만 있는 곳이라고 오해할 수 있습니다. 이런 오해는 아프리카에 대한 막연한 두려움과 편견을 만들고 결국 아프리카 나라로의 여행을 망설이게 만들기도 합니다.

● 탄자니아를 포함한 여러 아프리카 나라의 뛰어난 자연 경관과 관광지의 진짜 모습을 제대로 알리기 위해서는 어떤 노력이 필요한지 생각해봅시다.

● ● 사람들이 두려움 없이 탄자니아의 여러 관광지를 여행할 수 있게 하기 위해서는 어떤 변화가 필요한지 이야기해봅시다.

탄자니아 속 한국, 한국 속 탄자니아

한국과 탄자니아, 탄자니아와 한국은 얼마나 가깝게 만나고 있을까?

한국과 탄자니아는 1992년 4월 30일 외교 관계를 수립했다. 실질적인 교류는 주탄자니아한국대사관이 설립된 1992년 10월 21일에 시작되었다. 1993년 박부열 초대 대사가 탄자니아 외교공관장으로 파견된 후 두 나라 사이의 교류는 더욱 활발하게 진행되었다.

2017년 4월 30일 한국-탄자니아 수교 25주년을 기념해 탄자니아 외교장관이 한국을 방문해 윤병세 외교장관과 회담을 가졌고, 탄자니아의 수도 다르에스살람에서는 수교 25주년 기념 세미나가 개최되어 양국 협력에 대한 평가 및 향후 협력 발전 방향에 대한 논의도 이루어졌다.

2018년 1월 31일에는 반가운 소식이 들려왔다. 수교 26주년 만에 한국에도 주한탄자니아대사관이 설립된 것이다. 첫 여성 대사로 탄자니아를 알리기 위해 적극적인 행보를 펼쳤던 마틸다 마수카*Matilda Swilla Masuka* 전 대사는 2021년 6월 말에 임기가 끝났고, 2021년 11월 토고라니 이드리스 마부라*Togolani Edriss Mavura* 대사가 부임했다.

토고라니 이드리스 마부라 대사는 다르에스살람대학교에서 정치학과 행정학을 전공했고, 런던 킹스컬리지에서 리더십과 개발 전공으로 이학 석사를 취득했다. 탄자니아 외교부와 대통령 연설 비서관으로 근무한 그는 한국에 부임하기 전까지 탄자니아 자카야 키퀘테 전 대통령의 개인 비서로 일했다. 토고라니 이드리스 마부라 대사는 그간의 풍부한 경험을 바탕으로 양국의 발전을 위해 활발한 외교 활동을 펼치고 있다.

현재 탄자니아에는 약 700여 명의 한인이 거주하고 있고, 1992년 탄자니아와 우리나라의 수교가 이루어진 이후 1993년 탄생한 탄자니아한인회는 2023년 창립 30주년을 맞이하여 선교, 국제 개발 협력, 비즈니스, 여행 등 다양한 분야에서 더 많은 한국인이 진출을 준비하고 있다.

탄자니아는 2010년 이후 젊은 배낭객 사이에서 매력적인 아프리카 여행지로 인기를 끌면서 방문과 교류가 점점 더 늘어나던 추세였으나 2020년 초 발생한 코로나19 팬데믹으로 급격하게 줄었다. 다행히 팬데믹의 종료 후 2023년부터는 예능 프로그램 〈인생에 한 번쯤 킬리만자로〉, 〈지구마불 세계여행〉 등에서 탄자니아 여행이 소개되는 등 다시 활기를 되찾고 있다.

한편 2024년 1월 기준으로 한국에는 약 150명의 탄자니아인이 거주하고 있으며 대부분 연수 프로그램을 통해 대학교나 대학원에서 수학하고 있다. 또 TANROK*Association Of Tanzanians In The Republic Of Korea*이라는 커뮤니티를 만들어 활발하게 활동을 이어나가고 있다.

2024년 탄자니아를 포함한 아프리카 대륙과 대한민국은 특별한 변화의 계기를 맞이하게 된다. 6월 최초의 한-아프리카 정상회의가 개최될 예정이기 때문이다. 여러 아프리카 국가의 대통령이 한국을 방문하여 서로 간의 관계와 협력이 한층 더 깊어지고 발전하는 특별한 계기가 될 전망이다.

이런 좋은 흐름 속에서 탄자니아와 한국, 한국과 탄자니아는 앞으로 어떤 관계로 발전해나갈 수 있을까? 이 책을 통해 탄자니아에 관심을 갖게 되었다면 스와힐리어를 배워보는 것, 여행을 통해 탄자니아를 직접 방문하거나 한국에서 문화 행사 등 다양한 경로로 탄자니아인들과 교류하는 것으로부터 시작해보자.

참고 자료

- 아프리카미래전략센터, 〈떠오르는 아프리카 시리즈, 아프리카의 지붕 탄자니아 2016〉
- 아프리카미래전략센터, 〈아프리카 국별연구 시리즈, 탄자니아 2015〉
- 코이카, 월드프렌즈코리아, 〈해외 봉사단원이 쓴 봉사 활동 안내서 Karibu Tanzania〉
- 코트라 다르에스살람 무역관 작성, 〈Tanzania Country Report〉
- 한국외국어대학교 연구산학협력단, 〈외교부-스와힐리권 아프리카 국가의 부상과 협력 방안〉
- 한아프리카재단, 〈아프리카 비즈니스 가이드 시리즈, 탄자니아 2019〉
- 한아프리카재단, 〈이야기로 만나는 아프리카, 아프리카의 지붕 탄자니아 2019〉
- 현대경제연구원, 〈커피 산업의 5가지 변화와 전망(2019. 7)〉
- Shule Direct Tanzania and Worldreader, 〈History for Secondary schools, Book 1,2,3,4(2016. 11.21)〉
- Tanzania Ministry of Finance and Planning, 〈THE TANZANIA DEVELOPMENT VISION 2025〉
- The world bank, 〈Tanzania's Coffee Sector: Constraints and Challenges in a Global Environment (2003. 5. 29)〉
- http://data.worldbank.org/country/tanzania
- http://fairtradekorea.org/main/user/userpage.php?lpage=ft1_kor
- http://terms.naver.com/entry.nhn?docId=1392486&cid=50407&categoryId=50408
- http://unictr.unmict.org/en/tribunal
- http://whc.unesco.org/en/list/144/
- http://www.worldatlas.com/articles/highest-mountains-in-tanzania.html
- http://www.zanzibar-travel-guide.com/bradt_guide.asp?bradt=1813

- https://answersafrica.com/tanzanian-foods.html
- https://banknotenews.com/?s=tanzania&submit=Search
- https://blog.naver.com/djdoorumi/62525484
- https://blog.naver.com/pundamiliakr/221547963555
- https://datahelpdesk.worldbank.org/knowledgebase/articles/906519-world-bank-country-and-lending-groups
- https://face2faceafrica.com/article/exploring-5-largest-tribes-tanzania
- https://overseas.mofa.go.kr/tz-ko/brd/m_10740/list.do
- https://terms.naver.com/entry.nhn?docId=280295&cid=42822&categoryId=42822.
- https://winshear.ca/projects/in-tanzania/smp-gold-project/
- https://www.blackpast.org/global-african-history/maji-maji-uprising-1905-1907/
- https://www.bot.go.tz/Currency
- https://www.dart.go.tz/
- https://www.eac.int/overview-of-eac
- https://www.k-af.or.kr/load.asp?subPage=512
- https://www.lawtimes.co.kr/Legal-News/Legal-News-View?serial=98350
- https://www.maliasili.go.tz/sectors/category/antiquities
- https://www.nationalgeographic.com/magazine/2020/02/ice-climbing-kilimanjaro-tanzania
- https://www.rahabeverages.co.tz/
- https://www.serengeti.com/
- https://www.sos-usa.org/where-we-are/africa/tanzania
- https://www.svenskaakademien.se/en/the-nobel-prize-in-literature
- https://www.tanzaniainvest.com/economy/gdp-growth-2021-q2
- https://www.tanzaniatourism.go.tz/en
- https://www.tasuba.ac.tz/historical-background
- https://www.thoughtco.com/what-was-ujamaa-44589
- https://www.tingatingaart.com/pages/about-tingatinga-african-art
- https://www.trafalgar.com/real-word/cultural-traditions-tanzanian-

culture/

- https://www.usaid.gov/documents/1860/tusome-pamoja-read-together
- https://www.worldometers.info/world-population/population-by-country/
- https://www.worldometers.info/world-population/tanzania-population/
- https://www.yna.co.kr/view/AKR20180214039100030

사진 출처

출처가 기재된 이외의 사진은 위키피디아에서 제공받았거나 저자가 직접 촬영했습니다.

나의 첫 다문화 수업 03

있는 그대로 탄자니아

초판 1쇄 발행 2021년 11월 20일
2판 1쇄 발행 2024년 1월 20일

지은이 허성용

기획 · 편집 도은주, 류정화
미디어 마케팅 초록도비
표지 일러스트 엄지
지도 일러스트 서지원

펴낸이 윤주용
펴낸곳 초록비책공방

출판등록 2013년 4월 25일 제2013-000130
주소 서울시 마포구 월드컵북로 402 KGIT 센터 921A호
전화 0505-566-5522 팩스 02-6008-1777

메일 greenrainbooks@naver.com
인스타 @greenrainbooks
포스트 http://post.naver.com/jooyongy
페이스북 http://www.facebook.com/greenrainbook

ISBN 979-11-91266-26-9(04900)
ISBN 979-11-91266-17-7(세트)

어려운 것은 쉽게 쉬운 것은 깊게 깊은 것은 유쾌하게

초록비책공방은 여러분의 소중한 의견을 기다리고 있습니다.
원고 투고, 오탈자 제보, 제휴 제안은 greenrainbooks@naver.com으로 보내주세요.